ÉLÉMENTS GÉNÉRAUX

DE

MORALE DANS LA PHILOSOPHIE

PAR

J. BONNEL

PARIS

MAISON QUANTIN

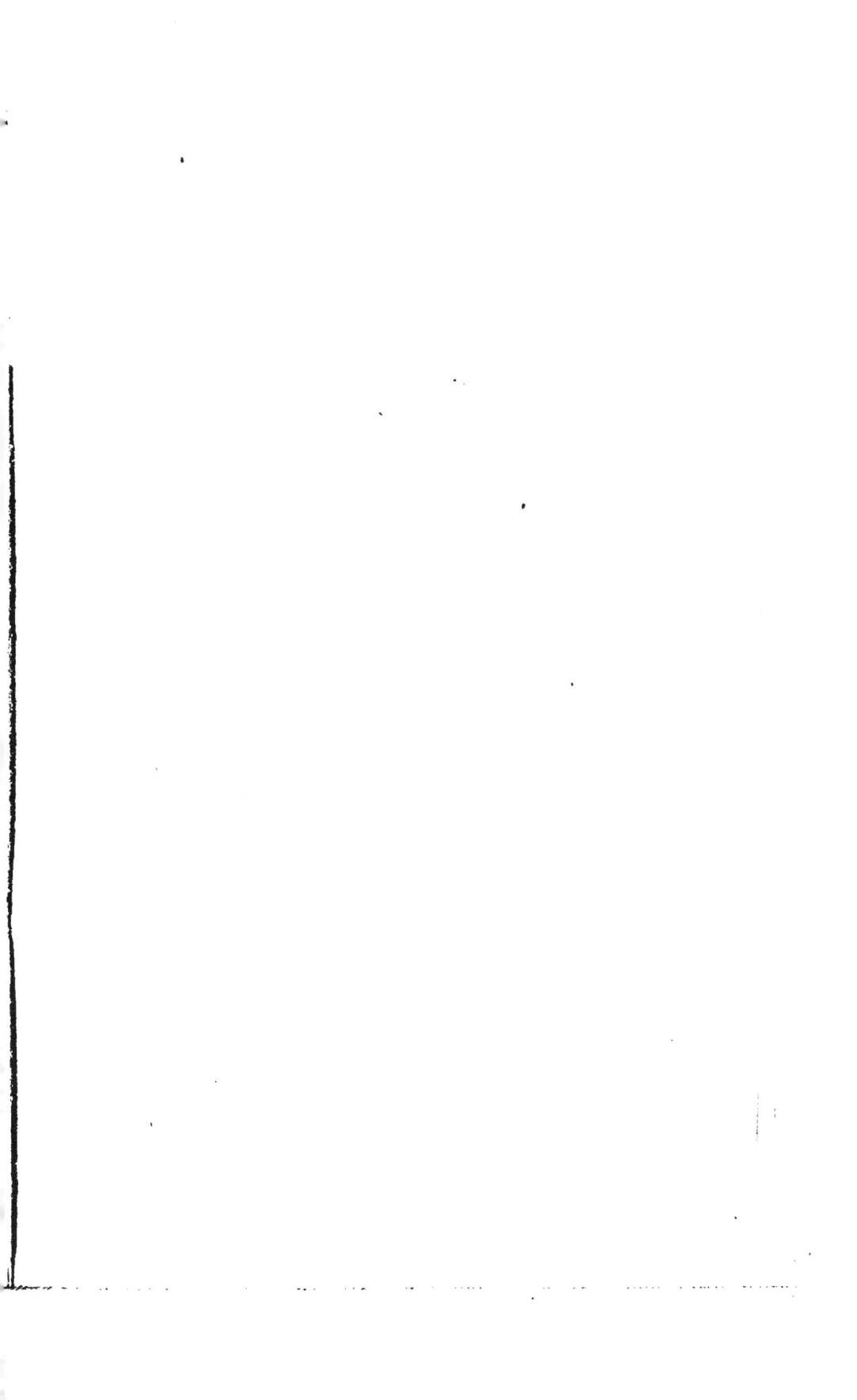

ÉLÉMENTS GÉNÉRAUX

DE

MORALE DANS LA PHILOSOPHIE

ÉLÉMENTS GÉNÉRAUX

DE

MORALE DANS LA PHILOSOPHIE

COMPRENANT

LES PRINCIPES GÉNÉRAUX DE LA PHILOSOPHIE
ET DE LA MORALE PROPREMENT DITE

AVEC UN APPENDICE

Contenant les principales questions sur la matière
posées aux examens du brevet supérieur

PAR

J. BONNEL

PARIS

MAISON QUANTIN

COMPAGNIE GÉNÉRALE D'IMPRESSION ET D'ÉDITION

7, RUE SAINT-BENOIT

—

1888

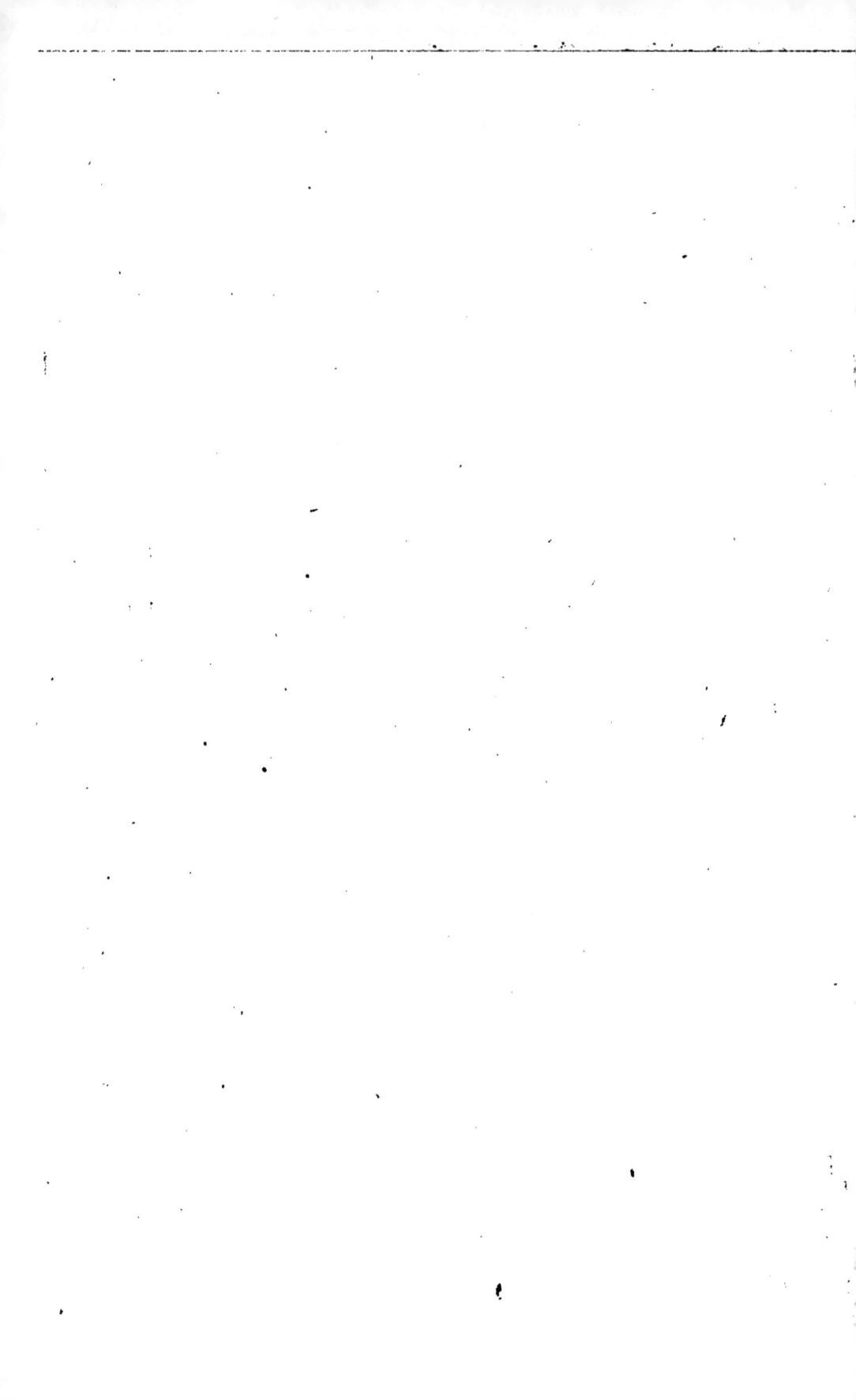

PRÉFACE

DE LA MORALE DANS LA PHILOSOPHIE

Nous devons expliquer pourquoi nous avons pris
ce titre et comment il contient tout le plan de notre
modeste travail. Il nous a paru difficile de traiter
de la *morale* sans parler des autres parties de la
philosophie; l'étude de la morale est, en effet, un
chapitre détaché dans l'ensemble de la science philosophique, et il semble impossible de pouvoir bien
comprendre les matières de ce chapitre sans avoir
aucune notion complète de la philosophie.

Nous voulions, d'ailleurs, faire un travail qui pût
servir pour la préparation aux examens du brevet
supérieur, et nous avons pu constater que, malgré
les indications du programme qui portent seulement
sur l'étude de la *morale*, les questions posées à
l'examen avaient souvent trait à la psychologie.
C'est ainsi qu'on a demandé à cet examen :

Quelles sont les facultés de l'âme?

Définissez chacune d'elles?

Quelle différence fait-on entre une sensation et un
sentiment?

Qu'entendez-vous par le libre arbitre? etc., etc.

Toutes ces questions ont trait à la psychologie
et non à la *morale*.

Les examinateurs avaient été amenés à raisonner comme nous et à ne point isoler l'étude de la morale. D'ailleurs, même au point de vue de l'instruction morale et civique comprise dans les matières de l'enseignement primaire, il nous a paru nécessaire de ne pas négliger aucune partie de la philosophie.

En cela, nous sommes d'accord avec des hommes dont les ouvrages sont justement appréciés dans tout le corps enseignant, notamment avec Compayré[1] qui, dans ses *Éléments d'instruction morale et civique*, a jugé utile de traiter de la distinction de l'âme et du corps, des preuves de l'existence de Dieu et de l'immortalité de l'âme ce qui appartient à la théodicée. Ce que nous lisons dans un manuel d'instruction civique ne pouvait être négligé par nous dans notre *Étude philosophique*.

Notre travail comprendra donc l'étude approfondie de la *morale* mais encadrée, pour ainsi dire, comme l'indique notre titre, dans les autres parties de la philosophie que nous examinerons plus sommairement. Nous avons cru utile d'ajouter un appendice dans lequel nous avons réuni les principales questions qui ont été posées aux examens du brevet supérieur, en ayant soin d'indiquer à côté de chaque question le renvoi aux pages de notre traité, de telle sorte que l'on puisse trouver immédiatement la solution de chaque question.

---

1. Compayré, *Éléments d'instruction morale et civique*, pages 100, 136, 137, 140.

INTRODUCTION

La philosophie[1] *est* l'amour de la sagesse, *si l'on s'en tient à la valeur étymologique du mot; c'est par là même la recherche de la science par excellence. La philosophie cherche, en effet, à déterminer les vérités et les principes de la Sagesse, de cette science qui devait avoir pour considération nécessaire Dieu, l'homme et la nature. Les philosophes ont d'abord étudié la nature et Dieu pour expliquer ensuite l'homme ou l'esprit humain; ce fut seulement au temps de Socrate que la philosophie choisit l'examen de l'esprit humain pour conduire à la connaissance de la nature et de Dieu : « Connais-toi toi-même », dit le philosophe athénien, traçant ainsi la route à parcourir aux philosophes de l'avenir. Nous avons dit que la philosophie comprenait la recherche de la science par excellence, puisqu'elle doit fixer les principes, les causes, les raisons de tout ce qui existe; elle doit nous apprendre à nous connaître nous-mêmes, à déterminer nos facultés, les moyens à employer pour en faire*

---

1. Φιλος, ami, σοφια, sagesse.

usage, les divers devoirs que ces facultés nous imposent.

L'étude de la philosophie se divise en quatre parties :

L'étude de l'homme, c'est-à-dire de l'âme ou Psychologie [1];

L'examen des moyens à employer pour diriger ses facultés intellectuelles dans la recherche et la démonstration de la vérité, c'est-à-dire la Logique;

L'étude de l'homme considéré au point de vue des devoirs que lui imposent ses facultés, c'est-à-dire la Morale ;

L'étude de l'existence de Dieu, de ses attributs et du principe de l'immortalité de l'âme, c'est-à-dire la Théodicée.

1. Psychologie, ψυχη, âme, λογος, traité. *Traité de l'âme.*

ÉLÉMENTS GÉNÉRAUX

DE

MORALE DANS LA PHILOSOPHIE

CHAPITRE PREMIER

Psychologie

Objet de l'étude psychologique. — La psychologie a pour objet l'étude de l'homme, c'est-à-dire de l'âme, dans laquelle s'identifie à tel point notre personnalité que, dans le langage philosophique, on dit souvent l'étude du *moi,* par opposition au *non moi,* qui comprend alors tout ce qui n'est pas l'âme. Ce doit être la première partie de tout travail philosophique, puisque, avant de discuter la direction et l'application de nos facultés, il convient de les préciser.

Descartes[1] a formulé cet axiome : « Je pense, donc je suis. » La pensée est donc le point de départ nécessaire pour affirmer la personnalité

---

1. Descartes (1596-1650), philosophe français. — *Discours de la méthode; — Méditations sur la philosophie première; -- Les Passions de l'âme; — Le Monde ou traité de la lumière; — La Mécanique.*

humaine; ainsi l'on a pu dire que l'homme est un animal raisonnable et indiquer de la sorte le caractère distinctif de l'homme qui réside dans la pensée, l'intelligence, la raison. La psychologie doit être la première partie de la philosophie, puisqu'elle précisera les facultés de l'âme, génératrice de la pensée.

Quand on suit une méthode rationnelle dans l'examen psychologique, on constate d'abord les phénomènes subjectifs qui nous frappent : phénomènes de conscience et conception des idées; puis, on est amené à rechercher les facultés productives de ces phénomènes, et enfin on considère le siège même de ces facultés, c'est-à-dire l'âme ou *moi intellectuel,* dans sa nature et dans sa distinction d'avec le corps.

§ 1er

Phénomènes de conscience — de conception des idées.

La plus intime manifestation de l'âme, qui révèle à chacun le *moi,* ce sont les phénomènes de conscience. La conscience (qui suppose toujours l'idée de connaissance), appelée quelquefois sens intime, est la connaissance que nous avons de nous-mêmes et des phénomènes qui se passent en nous; l'homme sent ainsi, sait ainsi qu'il pense et qu'il existe.

Les phénomènes psychologiques sont *externes*

quand ils sont étrangers à la conscience, c'est-à-dire quand nous ne nous arrêtons pas à la considération de l'âme elle-même; on dit alors que le phénomène est *objectif,* parce qu'il a un objet extérieur.

Les phénomènes psychologiques sont *internes,* quand ils ne sont point étrangers à la conscience, c'est-à-dire quand ils s'arrêtent à la considération de l'âme elle-même; on dit alors que le phénomène est *subjectif,* parce qu'il a un objet qui se confond avec le sujet pensant; c'est cette identité du *sujet* avec l'*objet* qui détermine le caractère absolu de la certitude propre à la conscience, certitude absolue à raison même de cette identité. En effet, il ne peut y avoir d'erreur possible dans le témoignage de la conscience, puisque c'est l'âme qui tout à la fois sent et sait, et a en même temps la notion instantanée de sentir et de savoir.

Comme l'âme ne peut rester étrangère à aucun des faits qui se produisent en elle-même, les phénomènes de conscience comprennent l'ensemble de tous ces faits.

Il paraîtrait difficile de classer tous ces phénomènes multiples, si l'âme prenant connaissance de son existence par les phénomènes de conscience ne constatait qu'elle est, tout à la fois, une force sensible, intelligente, active ou volontaire. On trouve ainsi immédiatement la raison de distinguer les phénomènes de conscience en phénomènes sensibles, intellectuels, actifs ou volontaires.

De l'Idée en général. — La connaissance que nous avons des phénomènes de conscience constitue l'Idée : l'Idée est la notion d'un phénomène ou d'un fait. Considérée au point de vue psychologique, l'idée première vient des phénomènes de conscience, puisque le point de départ de l'étude générale de la philosophie est la « connaissance de l'homme ou de soi-même »; l'idée peut paraître dériver de la sorte directement des phénomènes de conscience, mais comme elle est, d'une manière plus générale, la notion d'un phénomène ou d'un fait, si l'on se place en dehors du domaine purement psychologique, l'idée peut également paraître dériver du monde matériel qui nous entoure, quand elle est provoquée par les faits du monde physique.

Origine des idées. — L'origine des idées est différente selon les opinions des différents chefs d'école.

Les sensualistes placent l'origine de l'idée dans les sens, l'idée n'étant plus que la transformation d'une sensation; les idéalistes prétendent que les idées sont innées, l'idée se confondant avec l'âme elle-même. Nous avons remarqué que, au point de vue psychologique, l'idée première nous venait des phénomènes de conscience, mais que l'idée, d'une manière générale, étant la notion d'un fait ou d'un phénomène, pouvait également dériver du monde matériel qui nous entoure : ainsi nous paraissions emprunter les principes si contraires des deux écoles « sensualiste et idéaliste ». Nous dirons, d'ailleurs, avec la plupart des philosophes de notre époque, que les idées ont pour origine *l'activité même de l'esprit mis en rapport avec les objets,* et, par objet, nous comprenons l'objet matériel ou immatériel qui vient provoquer la manifestation intellectuelle.

C'est pour cela qu'il nous suffira de distinguer les idées en ce qui touche l'objet auquel elles s'appliquent en idées morales, physiques et métaphysiques.

Nous sommes en rapport avec les objets du monde extérieur par tous les moyens de la perception externe, notre esprit est touché par cette communication, et nous concevons ainsi l'idée de corps par l'activité de notre esprit mis en rapport avec les objets du monde extérieur. Nous sommes en rapport avec le monde extérieur et nous voyons se révéler à nous l'harmonie de l'univers; nous en déduisons cette idée qu'il a fallu un Être ou une cause infinie pour produire cette harmonie et pour l'entretenir sans cesse. Nous arrivons à la pensée de l'infinie toute-puissance d'un Être qui a créé et qui entretient le monde; de la sorte, l'idée de Dieu nous viendrait *de l'activité de notre esprit mis en rapport avec les objets du monde extérieur,* si cette idée d'un Être infini ne nous venait encore par d'autres manifestations de l'activité de notre esprit.

Les exemples pourraient être aussi nombreux

que les idées sont nombreuses; mais nous avons
choisi à dessein les deux qui nous paraissent le
plus frappants, en ce sens que l'idée nous vient
*par l'activité de notre esprit mis en rapport avec le
monde extérieur,* et que, par suite, ces exemples
nous semblent plus intelligibles et plus saisissants.
Nous avons donc justifié le principe d'origine que
nous avons formulé en ce qui touche *l'origine des
idées.* Si nous voulons, de plus, distinguer les idées
en les spécialisant, suivant qu'elles sont concrètes
ou abstraites, nous remarquons que l'idée est concrète quand elle est l'expression d'une qualité considérée dans un sujet, et qu'elle est abstraite lorsqu'elle exprime la qualité indépendante du sujet;
ainsi quand nous disons un papier rouge, l'idée
exprime la qualité de la couleur considérée dans
le sujet le papier, et l'idée est concrète; quand
nous disons au contraire rougeur, nous isolons la
qualité de tout sujet quelconque, et l'idée est
abstraite [1].

§ 2.

Facultés de l'âme.

Nous venons de montrer comment, par l'examen
psychologique, on peut constater des phénomènes

1. Dans la grammaire nous disons que le substantif est
concret, quand il sert à désigner des êtres concrets, c'est-à-
dire ceux qui tombent sous le sens, et nous disons qu'il est

subjectifs qui nous frappent sous la double forme
de phénomènes de conscience, sorte d'idée première, et de phénomènes de conception des idées,
ce qui comprend un ensemble plus général. Nous
avons dit que ces phénomènes étaient sensibles,
intellectuels et actifs ou volontaires. Le phénomène
est un effet, l'effet suppose une cause; ainsi, les
phénomènes que nous avons remarqués ne peuvent
apparaître sans une cause ou faculté qui les a produits, et à chacun de ces trois ordres de phénomènes devra correspondre la faculté productive
qui les a déterminés.

Les facultés de l'âme sont donc le pouvoir pro-
ductif des différents phénomènes de l'âme. Comme
nous avons noté trois manières d'être dans ces phénomènes sensibles, intellectuels, actifs ou volontaires, nous distinguerons trois facultés de l'âme :
la sensibilité, l'intelligence et *l'activité*.

L'âme, avec ses trois facultés, reste cependant
une et indivisible, de même que les qualités d'un
tout ne pourraient en supprimer ni l'unité ni l'indi-
visibilité.

D'ailleurs, les phénomènes des trois facultés de
l'âme ne sauraient être facilement isolés, et il est
certain que pour sentir, il faut comprendre qu'on
sent; le fait même de comprendre qu'on sent est un
fait d'activité, de telle sorte que sentir contient

abstrait, quand il sert à désigner des êtres abstraits, c'est-à-
dire qui ne présentent pas à l'esprit une réalité maté-
rielle.

l'exercice complexe et pour ainsi dire déterminé des trois facultés.

La sensibilité. — La sensibilité est la faculté inhérente à l'âme d'éprouver des affections de toute nature.

L'âme peut être affectée par des faits physiques, moraux ou intellectuels, susceptibles de produire le plaisir ou la douleur, soit au point de vue organique, soit au point de vue psychologique.

Quand le fait est physique, c'est-à-dire lorsque le phénomène de sensibilité est déterminé par un de nos sens, on peut distinguer l'*impression,* qui est le mouvement de l'organisme, la *sensation,* qui est l'appréciation que l'âme fait de l'impression, et enfin le *sentiment,* qui est le résultat et de l'impression et de la sensation.

Nous sommes frappés violemment; nous avons l'impression du coup; l'âme en reçoit une sensation, et de cette sensation, qui lui permet de juger l'impression, il résultera un sentiment de douleur; dans ce cas, la sensibilité est dite *sensibilité physique.*

Quand le fait est moral, c'est-à-dire lorsque le phénomène de sensibilité est déterminé par l'action d'un être doué des mêmes facultés que nous, ce serait par une erreur de langage qu'on prétendrait distinguer l'impression, la sensation et le sentiment; il ne peut pas exister d'impression sans le mouvement de l'organisme, et la sensation n'est que la suite de l'impression; il y aura donc seulement une manifestation de plaisir ou de douleur qui déterminera la sympathie ou l'antipathie; dans ce cas, la sensibilité est dite *sensibilité morale*.

Quand le fait est intellectuel, c'est-à-dire lorsque le phénomène de sensibilité est déterminé par une ou plusieurs notions de notre intelligence, il n'y a plus d'impression ni de sensation pour les mêmes motifs que nous avons déjà indiqués, mais une satisfaction ou une douleur de l'esprit; dans ce cas, la sensibilité est dite *sensibilité intellectuelle*.

Caractère propre de la sensibilité. — Quand on examine d'une manière générale les phénomènes de sensibilité, on est frappé du caractère qui leur est propre : il ne nous est pas possible de les diriger ni de les régler entièrement; physiquement, cela ne peut faire question; moralement et intellectuellement nous pouvons résister; mais nous ne pouvons pas nous dégager instantanément. C'est ce qui explique comment les phénomènes de sensibilité sont ceux qui paraissent se développer les premiers et quelquefois les derniers. L'enfant sent d'abord; l'homme arrivé à l'extrémité de la vie sent quelquefois encore, quand déjà il ne comprend plus et n'agit plus psychologiquement parlant.

C'est aussi pour cela que la sensibilité paraît se distinguer des autres facultés de l'âme, parce qu'elle s'impose à l'homme dans ses manifestations.

L'intelligence. — L'intelligence est la faculté que l'âme possède de connaître; c'est, dans ses différentes manifestations, la plus générale de toutes

2

les facultés, et c'est ce qui en fait le caractère particulier : par l'intelligence, l'âme comprend qu'elle sent et qu'elle agit ; par l'intelligence, l'âme arrive à percevoir la vérité d'une *manière instantanée*, quand il s'agit d'un de ces axiomes moraux qui n'ont pas besoin de démonstration. (Rappelons l'axiome de Descartes : « Je pense, donc je suis ») et d'une *manière réfléchie*, à l'aide d'une démonstration ; par l'intelligence, l'âme arrive encore, non pas seulement à percevoir, mais à connaître la vérité d'une manière réfléchie, à l'aide des modes divers du raisonnement. L'intelligence se manifeste en nous révélant, c'est-à-dire en nous permettant d'apprécier les phénomènes de la conscience, ceux du monde extérieur et ceux de la raison. Aussi, a-t-on quelquefois imaginé de distinguer dans l'intelligence trois sous-facultés particulières que l'on a appelées la conscience, la perception extérieure et la raison proprement dite ; mais cette distinction n'est point exacte, puisque ce ne sont pas des sous-facultés de l'intelligence que nous pouvons préciser par l'analyse psychologique, mais seulement le jeu de notre intelligence qui nous permet de saisir trois ordres de phénomènes distincts. Nous ne croyons pas qu'on puisse distinguer dans la faculté de l'intelligence des sous-facultés ; nous croyons volontiers que le fonctionnement de la faculté intellectuelle peut se manifester, le plus généralement, sous différentes formes que l'on peut noter, à savoir : la conscience, la perception externe, le jugement, la raison ou raisonnement, l'attention, la mémoire, l'association des idées, l'abstraction et la généralisation.

La conscience. — Nous avons déjà dit que la conscience, appelée quelquefois sens intime, est le fonctionnement particulier de l'âme par lequel nous avons la connaissance de nous-mêmes et des phénomènes qui se passent en nous.

La perception externe est le fonctionnement de l'âme ayant la connaissance des objets extérieurs par le moyen des sens; nous nous rendons compte ainsi des objets du monde physique par voie d'impression, de sensation et de sentiment.

Le jugement est le fonctionnement particulier de l'âme par lequel nous affirmons un rapport entre deux objets. Tout jugement suppose le rapprochement de deux idées sous forme affirmative ou négative : *L'homme est intelligent* constitue un jugement, parce que nous affirmons le rapport de convenance qui existe entre l'idée homme et l'idée intelligence. *Cet homme n'est pas coupable.* Cette formule constitue encore un autre jugement, parce que nous affirmons le rapport de disconvenance qui existe entre l'idée homme et l'idée coupable[1].

La raison ou raisonnement est le fonctionnement de l'âme par lequel nous tirons un jugement d'un autre jugement; c'est aussi la formule que prend le travail même de l'âme qui tire un jugement d'un autre

1. La forme du jugement en grammaire s'appelle proposition.

jugement. Le raisonnement peut revêtir bien des
formes diverses que nous signalerons en traitant de
la logique, mais, pour en fixer le caractère essentiel,
notre définition suffit. *L'homme est libre, psychologiquement parlant, et par là même responsable de ses
actes.* Voilà un raisonnement très simple, qui contient les éléments nécessaires à tout raisonnement.
L'homme est libre. C'est un premier jugement qui
établit un rapport de convenance entre l'idée homme
et l'idée de liberté. *L'homme est par là même responsable.* C'est un second jugement qui établit un
rapport de convenance entre l'idée de liberté et
l'idée de responsabilité.

L'attention est le fonctionnement de l'âme par
lequel elle s'arrête spécialement à un objet pour le
mieux apprécier : ainsi nous voyons sans regarder,
c'est-à-dire sans que notre attention s'arrête spécialement sur un objet. L'attention peut se produire
d'une manière involontaire, c'est-à-dire sans un
effort de notre intelligence; elle est, au contraire,
volontaire, lorsque l'intelligence, par un acte de
volonté, se concentre sur un point déterminé.

L'attention chez les enfants est généralement
involontaire et par là même difficilement fixée par
les phénomènes qui n'appartiennent pas au monde
physique; pour fixer l'attention de l'enfant, il faut
donc l'intéresser par des faits matériels sensibles,
et c'est ce qui a vulgarisé la méthode des leçons
de choses.

La mémoire est le fonctionnement de l'âme par

lequel nous conservons ou rappelons des faits ou des connaissances. Ici le fonctionnement de l'âme est double; car il peut procéder, soit pour conserver, soit d'autres fois pour rappeler.

Le phénomène de la mémoire, quand elle rappelle, peut se produire *spontanément* lorsque le retour de la connaissance devant notre esprit est, pour ainsi dire, instantané. Il se produit *volontairement* lorsque ce retour est le résultat d'un certain effort.

L'association des idées est le fonctionnement de l'âme par lequel l'esprit conserve ou rappelle un fait ou une idée en le rapprochant d'un autre fait ou d'une autre idée. L'association des idées est donc un moyen de la mémoire, puisque nous conservons et nous rappelons le plus souvent, sinon toujours, les faits et les connaissances par les rapports *de similitude ou de dissemblance* qui existent entre eux, l'association des idées 'pouvant se faire soit *positivement* soit *négativement*.

L'abstraction et la généralisation. — L'abstraction est un fonctionnement de l'âme par lequel nous distinguons dans un objet ses différentes qualités ou modalités d'une manière indépendante de sa nature. C'est la forme nécessaire de toute analyse, soit au point de vue physique, soit au point de vue moral. La généralisation, au contraire, est le fonctionnement particulier de notre esprit par lequel nous étendons l'idée fournie par l'abstraction à tout un ensemble de faits ou de principes. L'ab-

straction peut exister sans généralisation; la généralisation implique toujours une abstraction préalable.

L'activité. — L'activité est la faculté de l'âme
considérée comme force agissant par la pensée.

La volonté. — l'activité de l'âme peut se produire ou *spontanément* ou *volontairement; spontanément,* quand l'activité de l'âme est développée
par un mouvement instinctif et non réfléchi; *volontairement,* quand, après ce mouvement instinctif,
l'âme se possédant détermine les éléments de ce
mouvement et reconnait le pouvoir qu'elle a d'agir
ou de ne pas agir. La volonté suppose donc une
sorte de délibération psychologique, ainsi que
nous allons le voir, à la suite de laquelle l'âme
prend une résolution en connaissance de cause,
et, comme la plupart des phénomènes d'activité
de l'âme se produisent à la suite d'une semblable
délibération, on comprend quelquefois les phénomènes d'activité sous la formule générale de phénomènes *volontaires;* cependant, il faut bien
reconnaître que, l'activité pouvant se produire
d'une manière *spontanée,* il n'est pas permis de
confondre l'activité qui est la faculté même de
l'âme avec la volonté qui n'est qu'une modalité ou
manière d'être de l'activité.

Analyse du phénomène de la volonté. — Si rapide
que soit le phénomène de la volonté, on peut en
distinguer les différentes phases. Lorsque nous
avons supposé une manifestation psychologique

d'activité spontanée, nous avons dit que le mouvement était non *réfléchi* et pour ainsi dire instinctif; nous disons pour ainsi dire instinctif parce que l'instinct est une impulsion irraisonnée et même involontaire qui ne peut se confondre avec un phénomène de volonté. Nous avons noté que l'activité de l'âme se produisait *volontairement,* quand elle se possédait et délibérait sur le fait d'agir ou de ne pas agir. Si l'on veut analyser le phénomène de *l'activité volontaire,* on constate qu'il est complexe : l'âme se *possède,* c'est d'abord la *possession;* l'âme *délibère,* c'est ensuite la *délibération;* l'âme se *détermine,* c'est alors la *détermination;* et enfin l'âme *agit,* c'est *l'action.* Ainsi, dans tout phénomène volontaire, on rencontre quatre éléments nécessaires intimement liés; aussi bien l'on peut dire que l'animal agit par instinct et l'homme par volonté. Si l'on se place sur le terrain philosophique, c'est un abus de langage de dire que l'enfant a des *instincts,* que l'homme a l'instinct de la conservation, puisque, en réalité, c'est bien plutôt chez lui une manifestation psychologique d'activité spontanée; c'est pour cela qu'il ne faut pas, à proprement parler, réformer les instincts de l'enfant et de l'homme, mais bien plutôt perfectionner et diriger la volonté toujours libre, même quand le fait se présente comme instinctif. Si l'on se place sur le terrain philosophique, c'est encore une erreur de supposer que l'homme agit par habitude et de considérer l'habitude comme exclusive de la volonté, puisque l'habitude n'est, en réalité, qu'une manifestation identique et répétée de notre volonté et non la suppression de notre volonté et de notre responsabilité; toutefois, comme dans cette manifestation identique et répétée la délibération est moins complète, il faut se défier des mouvements habituels, il faut en régler la production surtout chez l'enfant; il importe d'empêcher que l'habitude supprime la réflexion : on peut bien encourager les bonnes habitudes mais seulement en appelant sans cesse notre attention sur le motif qui fait que l'habitude de tel ou tel fait peut être bonne.

La liberté. — Le caractère essentiel de la volonté est d'être *libre*. La délibération psychologique, à la suite de laquelle l'âme prend une détermination, est une délibération essentiellement libre, dans laquelle nous pesons les raisons déterminantes sans être obligés de nous arrêter à adopter les meilleures. L'âme active décide donc par sa volonté, mais avec une liberté absolue. Nous avons remarqué que la volonté n'était qu'une modalité ou manière d'être de l'activité, nous pouvons dire ici que la *liberté* ou *libre arbitre* est le caractère essentiel de la volonté. L'âme peut toujours, quand elle agit volontairement, vouloir ou ne pas vouloir avec une indépendance absolue dans sa détermination; et, lorsqu'après la détermination vient l'action, l'âme agit avec une entière liberté. Il ne faut pas confondre le phénomène psychologique de volonté avec le résultat plus 'ou moins effectif qui viendra le limiter dans le domaine des faits; il ne faut pas confondre la liberté morale avec la liberté physique, non plus qu'avec la liberté civile : nous sommes sûrs de vouloir librement; nous ne pouvons être certains de la réalisation en fait de cette volonté libre; elle trouvera quelquefois un obstacle dans certaines impossibilités propres à la liberté physique, et d'autres fois dans les lois ou règlements sociaux.

Il ne suffit pas d'affirmer la liberté de la volonté humaine, il faut soutenir cette affirmation par des preuves et répondre aux objections qui peuvent se produire. La liberté se démontre et par le témoignage de notre conscience et par la raison.

Le témoignage de la conscience prouve la liberté : en effet, après un acte de volonté, notre conscience nous affirme que notre détermination a été prise librement, et que, si nous ressentons ou une satisfaction morale ou une souffrance morale, suivant la nature de notre décision, c'est justement parce que notre *délibération a été libre*. Or le témoignage de la conscience nous fournit une certitude morale absolue dont nous ne pouvons douter.

La raison prouve également la liberté : nous verrons dans la théodicée comment on prouve l'existence de Dieu par le raisonnement et comment Dieu doit être considéré comme l'Être infiniment tout-puissant, incapable de se tromper et incapable de tromper. Si le témoignage de notre conscience affirmant notre liberté était le résultat d'une erreur,

Dieu ne serait pas infiniment tout-puissant, infiniment vrai, ne serait pas Dieu, puisqu'il inspirerait pour ainsi dire ce témoignage erroné de notre conscience. Le témoignage de notre conscience ne peut donc nous tromper sans que l'on soit conduit à nier l'existence de Dieu.

Avec la raison ou le raisonnement, on ajoute encore que l'idée de la liberté dans la volonté est l'idée nécessaire de toute morale, de toute société. Si l'homme n'était pas libre, il n'aurait pas de devoirs à remplir, pas d'obligations, pas de responsabilité morale ni sociale, il céderait à une fatalité dont il serait l'agent inconscient, et ainsi disparaîtrait toute législation qui repose sur le principe de la responsabilité humaine.

Certains philosophes n'ont pas craint cependant de nier la liberté, d'affirmer le principe contraire, c'est-à-dire la loi irrésistible du destin, qualifiant cette loi du nom de fatalité (*fatum* chez les anciens) et formant ainsi la secte des philosophes fatalistes[1], c'est ce qu'on appelle aussi la doctrine de la prédestination, c'est-à-dire de la destinée réglée à l'avance.

On formule trois objections contre le principe de la liberté ou du libre arbitre. *Au point de vue psychologique,* on invoque la *puissance des motifs* sur la volonté; on dit que l'âme n'est pas libre, puisqu'elle

---

1. Fatalistes. — Certaines religions ont accepté le principe de la fatalité, nous citerons notamment l'islamisme ou religion mahométane.

agit après avoir délibéré sur des *motifs* et s'être déterminée par ces motifs. L'argument est spécieux : la *volonté* se détermine après avoir considéré tous les *motifs*, mais elle n'est pas déterminée par eux et nous n'acceptons pas ni le motif le meilleur ni le motif le plus puissant; nous délibérons et nous choisissons par notre libre arbitre le motif qui nous détermine; nous choisissons ce qui suppose l'exercice le plus complet de la liberté.

Au point de vue métaphysique, on soutient que l'homme est une parcelle dans l'univers et subit les lois inconnues inhérentes à la matière.

Ce raisonnement est non moins spécieux que le précédent : il commence par affirmer ce principe que la personnalité humaine se confond avec la matière en général; il néglige et le témoignage de la conscience et le témoignage des hommes qui affirment le contraire; il repose sur une simple hypothèse qui, comme toute hypothèse, repose sur une probabilité mais non pas sur une preuve; il ne suffit donc pas, pour affirmer que les actes de l'homme, qui nous apparaissent souverainement libres, se produisent sans causes ou tout au moins sans causes connues.

Au point de vue théologique, on dit que Dieu a une souveraine prescience, c'est-à-dire qu'il prévoit tout ; or, ce que Dieu a prévu doit arriver nécessairement; on conclut de là que l'homme n'est pas libre.

La réponse est facile. Dieu prévoit, c'est-à-dire

voit d'avance, grâce à sa prescience infinie, ce que l'homme fera, mais il le voit seulement parce que l'homme le fera en vertu de son libre arbitre. Dieu, pour le présent comme pour l'avenir, est spectateur et non agent dirigeant.

§ 3.

De l'âme ou du moi dans sa nature et dans sa distinction d'avec le corps.

Nature de l'âme ou du moi. — Après avoir recueilli les phénomènes psychologiques qui supposent l'existence des facultés de l'âme, nous avons précisé ces mêmes facultés; il nous reste maintenant à considérer le siège des facultés, c'est-à-dire l'*âme ou moi intellectuel,* soit dans sa nature soit dans sa distinction d'avec le corps.

L'âme est de sa nature identique, une, indivisible, simple et spirituelle. L'*identité* est la propriété de l'âme d'être toujours la même; nous n'avons pas à démontrer longuement l'identité de l'âme, puisqu'il s'agit de rappeler le phénomène de la mémoire pour justifier cette identité.

L'*unité* est la propriété de l'âme de n'être pas multiple; elle est donc *indivisible* puisque la *divisibilité* supprimerait l'*unité;* elle est *simple* puisque la complexité supprimerait l'unité; elle est enfin spirituelle, c'est-à-dire immatérielle, puisque la matière composée d'agrégations, c'est-à-dire de réu-

nions, ne permet pas l'unité. Nous voyons donc
qu'en prouvant l'unité de l'âme nous aurons prouvé
que l'âme est indivisible, simple et spirituelle. Or
l'âme est certainement *une*. Supposons plusieurs
moi ou un *moi* composé de différentes parties; met-
tons-nous en présence de ce travail de l'intelligence
que l'on appelle la comparaison : s'il y a plusieurs
moi, la comparaison sera impossible, puisqu'elle
suppose la relation établie entre deux objets par
une seule et même partie qui juge ou qui apprécie;
s'il y a un seul *moi,* mais plusieurs parties, chacune
d'elles pourra faire une comparaison partielle et
ainsi on n'aura pas une comparaison mais une série
de comparaisons.

On pourrait renouveler cette démonstration en
prenant par exemple chacun des phénomènes psychologiques distincts produits par chacune des facultés de l'âme, et l'on arriverait toujours à cette conséquence nécessaire de *l'unité de l'âme.*

Distinction de l'âme et du corps. — La distinction
de l'âme et du corps, psychologiquement parlant,
est des plus faciles. Tous les êtres, tous les objets
se distinguent par leur nature et par les qualités qui
leur sont propres. Nous avons vu que l'âme est
identique, une, indivisible, simple et spirituelle et
par là même la distinction de l'âme d'avec le corps
sera fixée par les termes pour ainsi dire opposés,
à savoir que le corps, comme matière, n'est ni identique, ni un, ni indivisible, ni simple; mais la distinction ainsi faite, la science philosophique a voulu

aller plus loin, et, après avoir distingué l'âme du corps, par la différence essentielle de leur nature, elle a recherché le trait qui pouvait les unir. Certaines écoles ont éludé la difficulté : ainsi, les *matérialistes* nient l'existence de l'âme; ainsi, les *idéalistes* nient l'existence de la matière.

Ces solutions extrêmes n'ont pas satisfait, et on a vu, en Allemagne, Leibnitz [1] supposer une *harmonie préétablie* entre chaque corps et chaque âme. Ce système, moins radical que les deux précédents, supprime la liberté. Euler [2] a imaginé un *influx physique* qui, par le jeu des nerfs, établit une relation entre l'âme placée au centre du cerveau et les organes. C'est reculer la difficulté, mais ce n'est point la résoudre, car il reste toujours à expliquer l'union ou la communication entre l'âme et le corps par l'influx physique. Le philosophe anglais, Cudworth [3], n'est pas plus heureux avec son *médiateur plastique* qui serait moitié esprit, moitié corps, et pourrait agir par la partie esprit sur l'âme et par la partie corps sur le corps. Nous ferions volontiers la même observation que nous avons faite pour

1. Leibnitz, né à Leipsik. (1646-1716). — *Théorie du mouvement concret;* — *Théorie du mouvement abstrait;* — *Essais de Théodicée.*

2. Euler, né à Bâle (1707-1783). — *Mécanique exposée analytiquement;* — *Introduction à l'analyse de l'infini;* — *La Science navale.*

3. Cudworth, philosophe anglais (1617-1688). — *Le Vrai système intellectuel de l'univers;* — *L'Immuabilité des idées morales.*

l'*influx physique*. Descartes et Malebranche[1] ont
proposé un système différent. Descartes suppose
des *esprits animaux* qui circulent à peu près comme
l'influx physique d'Euler ; ces *esprits animaux* décou-
leraient du cerveau dans les nerfs et les muscles,
puis remonteraient du cœur dans le cerveau, le
tout avec l'assistance divine dont l'intervention serait incessante dans la vie de l'homme. C'est le
système qui fut plus tard développé par le disciple
et le continuateur de Descartes, Malebranche, dans
sa théorie des *causes occasionnelles*. Malebranche
admet entre les déterminations de l'âme et les mouvements du corps, non pas une communication immédiate, mais seulement une correspondance dont
Dieu est l'incessant régulateur ; ce qui rappellerait
l'*harmonie préétablie* de Leibnitz.

On a remarqué que ce système ne pouvait être
admis : si la cause première ou Dieu intervenait
ainsi comme *cause occasionnelle* dans chacun des
actes de l'homme, la liberté humaine disparaîtrait,
à moins que l'on ne vînt à dire que Dieu inter-
viendrait comme intermédiaire passif d'exécution
dans les actions les plus petites de la vie comme
aussi dans les plus odieuses. Il vaut mieux recon-

---

1. Malebranche, né à Paris (1638-1715). — *Recherche de la
vérité ; — Conversations chrétiennes ; — Méditations chrétiennes et métaphysiques. — Traité de morale ; — De la nature
et de la grâce ; — Entretiens sur la métaphysique et la religion ; — Traité de l'amour de Dieu ; — Entretiens d'un philosophe chrétien et d'un philosophe chinois sur l'existence de
Dieu.*

naître avec Pascal[1] que « l'homme est à lui-même le plus prodigieux objet de la nature; car il ne peut concevoir ce que c'est que corps, et encore moins ce que c'est qu'esprit, et, moins qu'aucune chose, comment un corps peut être uni à un esprit[2] ».

1. Pascal, né à Clermont-Ferrand (1623-1662). — *Sections comiques;* — *Triangle arithmétique;* — *Expériences touchant le vide;* — *Les Provinciales;* — *Les Pensées.*
2. *Pensées,* chap. II. — Grandeur et misère de l'homme; — Contradictions étonnantes de sa nature.

CHAPITRE II

Morale

Objet de l'étude de la morale. — La morale, c'est l'étude de l'homme considéré au point de vue des devoirs que lui imposent ses facultés; plus spécialement, c'est l'étude des règles pour pratiquer le bien et éviter le mal; elle a pour objet de régler les mœurs (morale, *mores*, mœurs) et de nous fournir les éléments de *discipline* dans la vie, puisque la discipline implique l'instruction et la direction conformément à une loi supérieure qui sera la *loi morale.*

La psychologie nous a révélé l'homme comme puissance sensible, intelligente et active; elle a déterminé les trois facultés essentielles qui constituent la personnalité humaine, elle en a dégagé ce principe souverain de la *liberté,* qui a pour réciproque la *responsabilité.* Après cette étude, pour ainsi dire idéale, qui nous a permis de connaître, au point de vue spéculatif, la puissance et la grandeur de l'homme, il importe de fixer les règles qui lui serviront de guide dans l'emploi de ses facultés,

en précisant les *principes généraux du devoir (morale
générale ou théorique)*[1], en fixant ensuite les *règles
spéciales des devoirs (morale spéciale ou pratique).*

« Parmi les questions graves et utiles que ren-
ferme la philosophie et que les philosophes ont dis-
cutées avec soin et avec abondance, je n'en vois
pas de plus vastes que les règles et les préceptes
que nous avons sur les devoirs ; aucune partie de
la vie, affaires publiques et particulières, civiles et
domestiques, engagements qu'on prend avec soi-
même et qu'on contracte avec un autre, *aucune
partie de la vie n'est exempte du devoir.* »

Ainsi parlait Cicéron [2], voulant enseigner à son
fils les principes de la morale, dans son traité *Des
devoirs,* en lui montrant tout d'abord combien vaste
était le champ dans lequel ils allaient pénétrer,
combien utiles et pratiques étaient les notions qu'ils
allaient recueillir.

§ 1er.

Principes généraux du devoir. — Morale générale ou théorique.

Le devoir. — *La loi morale.* — Le devoir, pris
d'une manière générale, est l'obligation pour

---

1. On dit aussi morale spéculative, parce qu'elle consiste
dans la seule contemplation de la vérité sans s'occuper de
son application.
2. Cicéron, *Traité des devoirs.*

l'homme d'observer la loi morale dans l'emploi de ses facultés, et il ne faut pas confondre ici l'obligation, c'est-à-dire le lien moral qui nous astreint à l'observation du devoir tout en respectant notre liberté, avec la contrainte qui agirait sur notre volonté et y porterait directement atteinte. Si le devoir est justement défini *l'obligation d'observer la loi morale,* il est nécessaire de déterminer *quelle sera la loi morale,* c'est-à-dire quels seront les principes dominants que nous devons observer au point de vue moral[1].

Faire ce qui est bien. — *Éviter ce qui est mal.* — Tels sont incontestablement les deux grands principes qui sont la base de la morale générale ou théorique et qui seront ensuite les procédés nécessaires de la morale spéciale ou pratique. Le manquement au devoir ainsi défini, l'infraction à la loi morale constitue un véritable délit, c'est-à-dire une contravention contre la loi morale même[2].

1. La loi en général s'entend des principes dominants ou prescriptions qu'on doit observer, et c'est par extension qu'on donne le nom de loi aux règles générales qui se produisent régulièrement dans les phénomènes physiques.

2. Il ne faut pas prendre ici le mot délit dans son sens spécial : le délit dans son sens général est tout ce qui est contraire à la loi; la contravention dans son sens général a une signification identique; le délit dans son sens spécial suppose et un fait coupable contraire à la loi et une intention frauduleuse chez l'agent qui a commis le fait, et cela, soit qu'il s'agisse du délit entouré de circonstances graves appelé crime, soit qu'il s'agisse du simple délit; la contravention dans son sens spécial est le fait constituant une infraction à la loi mais dépourvu d'intention frauduleuse.

*Conscience morale. — Notion du devoir. — Science
du devoir.* — Il ne suffit pas d'affirmer l'existence
des deux principes de la loi morale; en matière
de loi morale, il ne suffit pas de dire : la loi est;
il faut aussi pouvoir montrer comment elle est,
c'est-à-dire en déterminer exactement le fondement.

Nous avons défini la conscience ou sens intime
« le fonctionnement particulier de l'âme par lequel
nous avons la connaissance de nous-mêmes et des
phénomènes qui se passent en nous[1] ». C'est la
conscience qui vient nous révéler les deux grands
principes de la morale : quand nous allons accomplir une action ou quand nous l'avons accomplie,
nous ressentons irrésistiblement ou une satisfaction
ou une douleur, ou un *plaisir moral ou un remords;*
c'est-à-dire ce reproche intérieur qui doit nous
inspirer le repentir en nous remplissant d'une tris-
tesse assez grande pour empêcher le retour des
mêmes faits reprochables. Il semble que nous rece-
vions toujours un conseil avant d'agir, un jugement
après avoir agi; c'est là le fonctionnement de la
conscience qui vient nous indiquer *qu'il faut faire
ce qui est bien et éviter ce qui est mal;* on appelle
alors la conscience plus spécialement dans ce cas
conscience morale; elle nous fournit ainsi la *notion
du devoir,* qui n'est que l'appréciation instantanée
donnée par la conscience sur les prescriptions du

1. Voir page 15.

bien à faire et les défenses du mal à éviter; en effet, la conscience morale procède par une sorte d'injonction qu'on appelle *prescription de la conscience,* quand elle nous révèle de faire ce qui est bien. Elle se manifeste, au contraire, sous la forme d'une *défense,* quand elle nous indique d'éviter ce qui est mal; de la sorte, on distingue les devoirs en *devoirs positifs* lorsqu'ils résultent d'une prescription, et en *devoirs négatifs* lorsqu'ils résultent d'une défense; plus volontiers on pourrait dire que le devoir positif provoque à l'action et que le devoir négatif sollicite l'abstention. La vertu consiste à respecter les prescriptions et les défenses de la conscience conformément à la loi morale; le vice consiste à méconnaitre ces prescriptions et ces défenses.

La loi morale trouve donc son fondement, comme nous venons de le démontrer, dans *la conscience morale;* mais l'appréciation donnée par la conscience ne reste pas toujours à l'état de phénomène instantané produisant *la notion du devoir;* elle se trouve souvent augmentée, complétée par la réflexion d'abord et le raisonnement ensuite, et alors ce qui n'était que la notion du devoir devient la science du devoir. L'ensemble de la science du devoir constitue la *science de la morale,* c'est-à-dire la connaissance complète de tous les principes du devoir, les règles pratiques de la vertu. Non seulement cette science, comme toutes les autres, peut être enseignée, mais elle doit l'être.

Distinction du bien et du mal. — Nous venons de

constater que la loi morale trouvait son fondement
dans la conscience morale; mais il serait intéres-
sant de rechercher en dernière analyse d'où vient
à la conscience l'intuition de cette loi morale qui
nous prescrit de faire ce qui est bien, d'éviter ce
qui est mal et qui suppose le discernement ou *distinction préalable du bien et du mal*. C'est là une
question aussi délicate qu'importante qui intéresse
tout à la fois et le moraliste et l'économiste : l'un
poursuivant la découverte de la vérité idéale et
immuable; l'autre recherchant l'application du principe philosophique dans la loi écrite toujours variable; aussi les systèmes, nous dirions volontiers
les écoles, ont accepté des opinions bien différentes :
on a pu soutenir que la distinction du bien et du mal
vient à l'homme de la perception même du plaisir
ou de la douleur à la suite d'une action qu'il a
accomplie. C'est assurément confondre l'effet avec
la cause; nous avons un sentiment de plaisir ou de
douleur suivant que nous avons fait le bien ou
commis le mal; c'est le résultat de notre aptitude
à distinguer le bien du mal, c'est la conséquence
de cette aptitude, c'est en un mot l'effet de cette
aptitude, mais ce ne saurait être le principe de la
distinction du bien et du mal, la cause efficiente de
la distinction que nous en pouvons faire. D'ailleurs,
si complètes que puissent paraître nos facultés, il
est certain qu'il faudrait la répétition de ces sentiments de plaisir ou de douleur à la suite d'une série
d'actions bonnes ou mauvaises, et alors on serait

amené à constater que c'est l'expérience répétée
de ces sentiments qui nous permet de distinguer
et de classer normalement les actes du bien et les
faits du mal.

On a voulu également trouver, non plus dans le
plaisir ou dans la douleur morale résultant d'une
action bonne ou mauvaise, mais dans le plaisir et
dans la douleur physiques, l'origine de la distinction que nous pouvons faire du bien et du mal, ce
qui réduit à dire que le bien sera ce qui produit le
plaisir matériel, et que le mal sera ce qui peut
produire la douleur physique. On pourrait appliquer à ce second système les observations que nous
avons présentées sur le premier, et elles seraient
encore cette fois absolument exactes, mais de plus
on arriverait ainsi aux conséquences les plus
étranges : tout plaisir venant du bien, les actes
mêmes que nous considérons moralement et socia-
lement parlant comme de lourdes infractions pourraient être considérés comme des actes de bien
conformes à la loi morale, dérivant par suite de la
conscience morale et cela seulement parce qu'ils
procureraient un plaisir physique, ce qui serait
absurde.

Enfin, on a cherché l'origine de cette intuition
que nous avons de la distinction du bien et du mal
dans la transmission pour ainsi dire traditionnelle ;
ainsi nous distinguerions le bien du mal parce
qu'on nous aurait appris que dans les âges précédents un fait de cette nature était acte de bien ou

fait de mal. La distinction du bien et du mal ne saurait être ainsi renfermée dans les limites de la tradition qui serait impossible toutes les fois que
l'homme n'aurait pas reçu une sorte d'instruction
préalable, mais bien mieux, ce ne peut être la solution
de la question ; il faudrait en effet non plus nous demander comment nous savons distinguer le bien du
mal, comment ceux qui nous ont précédés l'ont su
également, mais remontant d'âge en âge replacer la
question à l'origine de toute société et de toute philosophie, ce qui ne serait pas en trouver la solution.

Nous croyons qu'il faut trouver l'origine de la
distinction du bien et du mal en dehors de toutes
ces opinions diverses : procédant par voie d'observation, nous constatons que l'homme distingue
le bien du mal, que les principes rudimentaires du
bien et du mal existent chez tous à ce point que la
distinction en est facile à l'homme quelles que soient
les conditions dans lesquelles il se trouve ; nous
arrivons ainsi à dégager la distinction du bien et du
mal, sorte de sens moral, comme *principe inné*, idée
première par excellence, inhérente à la nature de
l'âme, nous dirions volontiers qui en montre la puissance. Notre système de la distinction du bien et
du mal comme principe inné satisfera celui qui
recherche l'abstraction purement philosophique,
mais il pourra même être accepté par le philosophe
qui prétendra rattacher ce principe inné, c'est-à-dire
né avec nous ou en même temps que nous, à l'intervention toute-puissante d'un Dieu. Toutefois si

la distinction du bien et du mal est un principe inné
en l'homme, quelles que soient les conditions dans
lesquelles il se trouve, comme nous l'avons affirmé,
il faut reconnaître que les circonstances de l'éducation et de la vie sociale viennent développer ce
principe inné.

Il faut malheureusement reconnaître que ce principe inné semble quelquefois effacé à ce point que
ce soit presque un sens de moins pour l'homme
ainsi privé de sens moral.

Mobiles ou motifs des actions. — Il semblerait
que nous ayons parcouru les principes essentiels de
la *morale théorique :* nous avons vu que le devoir est
l'obligation d'observer la loi morale ; nous avons dû
par conséquent préciser quelle était la loi morale ;
nous en avons même recherché le fondement et,
après l'avoir rencontré dans la conscience morale,
nous avons examiné d'où pouvait venir à la conscience de l'homme la distinction du bien et du mal.
Les éléments paraissent ainsi complets, puisque
nous n'avons pas seulement fixé la règle du devoir
selon la loi morale, mais nous en avons pénétré les
origines. L'homme n'aurait donc qu'à suivre docile-
ment ce que le philosophe moraliste a pu ainsi déterminer : la route est tracée, le chemin de la vie
parait donc facile ; mais, comme nous l'avons établi,
l'homme a la liberté[1] ; c'est cette liberté qui constitue la personnalité humaine, et qui en même

1. Voir pages 20, 21, 22, 23, 24.

temps va faire apparaître des difficultés possibles
dans la pratique du devoir, c'est-à-dire dans l'observation de la loi morale. L'homme sent qu'il faut
faire ce qui est bien, éviter ce qui est mal, mais il
pourra librement, soit par une manifestation spontanée de volonté, soit par un phénomène plus complexe de délibération et de réflexion, négliger le
bien et commettre le mal; il sera déterminé par des
motifs qui mettront en mouvement sa volonté, et
c'est pour cela qu'on appelle ces motifs les *mobiles*,
soit les causes génératrices de l'action. Quand on
considère ces mobiles, l'examen nous démontre que,
si nombreuses ou différentes que soient en appa-
rence les actions, les mobiles sont toujours les
mêmes; ils peuvent être classés d'une manière très
simple : l'homme agit ou par *plaisir* (pour obtenir
ce qui est agréable) ou par *utilité*, dans les deux
cas par *intérêt*, puisque c'est l'intérêt qu'il a en vue
soit qu'il s'agisse d'obtenir l'agréable ou l'utile, et
ainsi l'intérêt comprend tout à la fois le mobile du
plaisir et de l'utilité; le culte exagéré de l'intérêt
devient l'égoïsme qui doit avoir pour limite la stricte
observation de la loi morale. L'homme pourra agir
au contraire par *devoir* pour faire ce qui est honnête.

C'est en vain que l'on chercherait à réduire à
un mobile unique *l'élément générateur de l'action*
chez l'homme : l'agréable qui naît du plaisir peut
être absolument contraire à l'utile ou encore plus
au devoir, c'est-à-dire à ce qui est juste et honnête;

l'utile ne sera pas toujours agréable, pas même toujours juste; le *juste* lui-même, que nous prenons
comme expression du devoir, ne sera pas toujours
utile si nous nous plaçons dans la pratique même de
la vie et si nous ne nous arrêtons pas seulement
aux principes qui nous permettraient d'affirmer que
la satisfaction morale, résultat du juste, est toujours
agréable, et que l'accomplissement du devoir est
nécessairement utile. Pour mieux expliquer ces dis-
tinctions, nous prendrions volontiers l'exemple de
celui qui fait l'aumône : nous admettons qu'il pratique le juste, mais ce sera contraire à son intérêt
en ce sens que la réalité du fait de donner peut
lui être préjudiciable et par suite n'être ni agréable
ni utile. C'est précisément parce qu'on ne peut ramener tous les mobiles à un seul que les mobiles
pourront se détacher de la loi morale ou se confondre avec elle. Ils se détacheront de la loi morale, quand l'homme servira l'agréable ou l'utile;
ils se confondront avec elle, quand l'homme obser-
vera le devoir; souvent même, il y aura un conflit
violent entre les différents mobiles et il paraît nécessaire que la morale vienne pondérer l'importance
relative de chacun des mobiles et donner ainsi une
règle précise de conduite. L'agréable est celui que
l'on sacrifie le moins volontiers et celui qu'on doit
sacrifier le plus volontiers; quand on comprend la
destinée humaine, et par ce que l'on voit, et par ce
que l'on sent, on comprend facilement que l'agréable
ne doit être que l'accident dans la vie, que le corps

est trop imparfait pour demeurer un instrument
de plaisir, et notre intelligence trop élevée pour considérer le plaisir comme une suprême fin. L'utile
est déjà plus recommandable, pour se servir d'une
expression qui précise bien l'importance relative des
deux mobiles, l'agréable et l'utile; mais l'utile ne
présente pas une valeur absolue qui s'impose à
nous, puisqu'il se manifeste et par l'indifférence
pour les autres, et par le culte de soi-même. Il faut
aborder le juste pour rencontrer le mobile le plus
considérable, le seul considérable, le seul qui, négli-
geant toute considération personnelle, soit toujours
d'accord avec la loi morale, le seul par conséquent
qui permette la pratique constante du devoir. Dans
le juste seul nous ne rencontrerons rien de l'intérêt
et c'est pour cela que le caractère essentiel du
devoir est le désintéressement.

Mérite. — Démérite. — Sanction de la loi morale.
— Si l'homme a accepté le juste pour mobile d'une
action, s'il a ainsi observé le devoir, il aura bien
mérité; s'il n'a pas su sacrifier l'agréable et l'utile,
s'il s'est déterminé par l'intérêt, il aura *démérité.*
L'observation du juste en sacrifiant l'agréable et
l'utile révèle un *mérite* chez l'homme, agent libre de
l'acte accompli ou à accomplir, mais ce sera *un démérite* quand cet agent libre n'aura considéré que
l'agréable et l'utile. La conscience morale, dont nous
ne pouvons discuter la certitude[1], vient nous affir-

1. Voir pages 32, 33.

mer ce mérite ou ce démérite; c'est d'ailleurs, quand on veut raisonner en dehors du témoignage de la conscience, une sorte d'application des éléments du bon sens : libre de choisir entre le bien et le mal, sollicité par l'intérêt, l'homme a obéi au devoir; ce sacrifice est grand, cette délibération a été utile, il y a *mérite* à l'avoir prise, il y aurait *démérite* à ne pas l'avoir prise.

Le mérite et le démérite ne consacrent pas seuls l'observation de la loi morale; toute loi qui ordonne ou qui défend suppose nécessairement une sanction; la sanction n'est en effet rien autre que la peine ou la récompense édictée par la loi pour en assurer l'exécution; elle est dite légale quand elle est formulée dans la loi même, pénale quand elle prononce une peine, morale quand elle dérive de la loi morale.

La sanction de la loi morale est : 1° *le témoignage de la conscience* qui, constatant le mérite ou le démérite d'une action, approuve sous forme de plaisir moral, désapprouve sous forme de remords; c'est là la sanction la plus immédiate, la plus irrésistible, la plus inévitable. Elle est immédiate, puisqu'elle se produit, pour ainsi dire, instantanée; elle est irrésistible, parce que nous lutterions vainement contre l'affirmation de notre conscience : l'étreinte morale n'en serait pas moins vive, le témoignage n'en serait pas moins puissant; on peut tenter de le discuter, mais il faut toujours le subir. Elle est inévitable, parce qu'elle se produit malgré nous, indépendamment de nous, et indépendamment des autres.

La sanction de la loi morale est : 2° le *témoignage*
d'approbation ou de désapprobation que nous re-
cueillons de la part des *autres hommes*. Doués des
mêmes facultés que nous, ils ne délibèrent pas
avant, mais ils jugent après; c'est là une sanction
bien différente de la précédente; elle n'est pas
immédiate et peut venir lente avec le temps; elle
n'est pas irrésistible, non plus qu'inévitable, puisque
nous pouvons essayer de réagir contre cette approbation ou cette désapprobation, justement parce
qu'elle est le fait de nos semblables, et par conséquent peut être sujette à erreurs; mais cependant
elle est très considérable; dans les petites choses,
ce témoignage approbatif des autres hommes sera
pour nous l'estime; dans les grandes choses, il nous
assurera cette auréole enviée qu'on appelle la gloire,
et quand, au lieu de trouver l'approbation, nous
rencontrerons la désapprobation, dans les petites
choses, ce sera pour l'homme souvent le mépris, et,
dans les grandes, ce sera le châtiment réglé par les
lois de nos sociétés modernes qui ont consacré les
principes de la loi morale.

Nous remarquerons ici que le témoignage des
hommes est susceptible d'erreurs, mais que le
témoignage de la conscience, à raison de sa certitude, ne peut nous tromper; qu'ainsi en se renfer-
mant dans le cercle de l'idée philosophique, on
trouve dans tous les cas la sanction de la loi morale
dans la satisfaction ou le remords qui se produisent
nécessairement comme conséquence d'approbation

ou de désapprobation de la conscience; mais, comme nous le verrons dans la théodicée en étudiant les *Preuves de l'immortalité de l'âme*, Dieu, dans sa justice infinie, doit être appelé à distribuer les récompenses et les peines, ce qui constituerait un troisième mode de sanction attaché à l'observation de la loi morale.

§ 2.

Règle spéciale des devoirs. — Morale spéciale ou pratique.

Les devoirs. — Nous avons défini le *devoir* l'obligation pour l'homme d'observer la loi morale dans l'emploi de ses facultés; cette définition suffit encore, quand il s'agit de définir *les devoirs* et de les distinguer du *devoir* même; en effet, les devoirs seront l'obligation pour l'homme d'observer la loi morale dans l'emploi de ses facultés en ce qui concerne les différentes relations de l'homme, soit avec lui-même, soit avec le monde qui l'entoure.

Si nous voulons distinguer les devoirs entre eux suivant leur nature, nous pourrons dire que certains devoirs sont *stricts* et que d'autres ne le sont pas. Tous les devoirs supposent une obligation pour l'homme d'observer la loi morale, c'est-à-dire un lien de droit, mais ce lien de droit peut être plus ou moins étroit; le devoir est *strict,* quand l'exercice du devoir suppose *une pratique absolument néces-*

saire. Cette formule permettra de reconnaître toujours le devoir strict sans que nous ayons besoin de préciser à chaque devoir; par application de cette formule, avant même d'avoir indiqué les différents devoirs, nous citerons comme exemple de devoirs stricts le respect de la vie humaine, le respect de la propriété, le devoir d'aimer la Patrie, etc., etc.

La *morale spéciale* ne s'arrête plus aux principes généraux de la théorie, mais nous présente des principes d'application essentiellement utiles dans la *pratique*. La *morale pratique* comprend ainsi l'examen des différents devoirs de l'homme, ce qui nécessite une certaine méthode dans cet examen même.

Il convient de considérer d'abord l'homme, de déterminer les devoirs qu'il a à remplir envers lui-même, ce qui constitue *la morale individuelle ou personnelle;* il faut ensuite considérer l'homme dans ses rapports avec le monde extérieur et, ici, déterminer ses devoirs dans les différentes relations qu'il peut avoir dans la famille, dans la société, ce qui constitue la *morale sociale.*

1° *Devoirs de l'homme envers lui-même. Morale individuelle ou personnelle.* — La *morale individuelle* ou *personnelle* comprend l'ensemble des devoirs de l'homme envers lui-même; l'homme étant composé d'un corps et d'une âme, la morale individuelle nous présentera des devoirs de natures différentes, savoir : *les devoirs relatifs au corps et les devoirs relatifs à l'âme.*

Devoir relatif au corps. — Faire ce qui est bien, éviter ce qui est mal, telle a été pour nous la formule de la loi morale; ce pourrait être également la formule de tous les devoirs de l'homme, même des devoirs de l'homme envers son corps; toutefois, quand on traite de la morale pratique, il est préférable de préciser par un mot l'application de la formule générale de la loi morale. Lorsqu'il s'agit du devoir de l'homme relatif au corps, le mot propre sera celui de *conservation*. L'homme a le devoir de *conserver* les différents organes qui composent le corps; cette conservation comprendra le fait d'entretenir le corps et de l'entourer de tous les soins nécessaires; elle comprendra également le fait d'éviter tout ce qui peut porter atteinte à nos organes; ainsi le devoir de conservation consistera tout à la fois à faire ce qui peut être utile pour l'entretien du corps, à éviter tout ce qui peut être dangereux pour le corps lui-même. Les exemples pourraient être nombreux : il suffira d'indiquer l'obligation de nourrir son corps et, en même temps, d'éviter l'exagération du travail qui doit toujours être mesuré aux forces humaines. Quand on recherche la base des devoirs de conservation que nous avons à remplir envers notre corps, on la rencontre facilement dans la relation qui existe entre le corps et l'âme. Le corps est le serviteur de l'âme; nos facultés sont servies par les organes physiques dont nous sommes pourvus; le corps se trouve souvent l'agent exécutif de notre

4

volonté, il est donc important d'entretenir ce serviteur nécessaire, cet agent exécutif, dans des conditions qui lui permettent, par un fonctionnement
régulier, d'apporter à l'âme un concours utile.
Comme procédé pratique, l'homme devra observer
les règles de l'hygiène (étymologiquement : les
préceptes de santé), c'est-à-dire de cette partie de
la médecine[1] qui nous apprend à assurer l'exercice
régulier de toutes les fonctions physiques; ainsi
il devra conserver le corps dans un état de propreté
absolue; il devra se livrer à un exercice suffisant
pour maintenir la souplesse des membres; il devra
s'abstenir de tout excès et considérer l'intempé-
rance comme une infraction au devoir de conservation que lui impose la loi morale.

Puisque l'homme a le devoir de conservation
de lui-même, puisqu'il doit maintenir le bon entretien des organes qui composent le corps, le suicide,
la mort volontaire, la suppression de l'activité
physique qui constitue la vie, est une infraction
capitale à la loi morale : le suicide constitue la
méconnaissance la plus formelle du devoir de conservation que l'homme a envers lui-même; c'est en
vain qu'on prétend le justifier en le considérant
dans certaines circonstances comme une sorte
de nécessité sinon héroïque au moins courageuse;
il ne faut pas se laisser entraîner par de sem-

1. La médecine est la science qui comprend tout à la fois
et les moyens préventifs et les moyens curatifs nécessaires à
la conservation du corps.

blables raisonnements ; l'homme doit vivre au milieu
des épreuves et ses facultés lui permettent la lutte
sans autoriser la défaillance, il ne peut exister de
prétendu héroïsme, pas même de courage, à déserter
cette lutte.

Devoir relatif à l'âme. — En ce qui touche le
devoir relatif au corps, nous avons précisé par
le mot de conservation la formule générale de la
loi morale ; en ce qui touche le devoir relatif à
l'âme, nous procéderons de même, en disant que
ces devoirs ont pour objet le *perfectionnement* de
nos facultés. « Toute notre dignité consiste en la
pensée. C'est là qu'il faut nous relever, non de
l'espace et de la durée, que nous ne saurions remplir. *Travaillons donc à bien penser : voilà le principe
de la morale.* » (Chap. II, *Pensées.*) Ainsi écrivait
Pascal, plaçant la dignité personnelle dans la pensée ;
nous la placerons d'une manière plus générale
dans ce qui fait l'homme, c'est-à-dire dans ses
facultés et nous dirons par là-même : travaillons à
perfectionner nos facultés. L'homme doué de la
sensibilité, de l'intelligence, de l'activité, doit perfectionner chacune de ces facultés, afin de pouvoir
s'en servir plus utilement ; il doit ainsi rendre sa
sensibilité plus parfaite, afin d'être sûr de ses
impressions, de ses sensations et de ses sentiments[1],
et éviter les mouvements passionnels qui viennent
exclure la tempérance, c'est-à-dire la modération

1. Voir pages 12, 13.

par excellence; il doit également perfectionner son intelligence en la développant par tous les moyens possibles dans la recherche de la vérité ou de la sagesse (savoir), comme le disaient les anciens; il doit, enfin, cultiver l'activité volontaire de l'âme et augmenter le courage et la force de la volonté par la patience et la constance. C'est en perfectionnant ses facultés, comme nous venons de le préciser, qu'il pourra profiter de la prospérité et supporter le malheur.

2° *Devoirs de l'homme envers le monde qui l'entoure.* — *Morale sociale.* — Quand on veut déterminer les devoirs de l'homme envers le monde qui l'entoure, on remarque que l'homme est d'abord en contact d'une part avec la *Nature* composée de corps bruts et de corps animés, d'autre part avec des êtres intelligents comme lui, ses semblables, de telle sorte que les devoirs de l'homme envers le monde qui l'entoure devront se distinguer suivant qu'ils auront pour objet les relations de l'homme avec la nature composée de corps bruts et de corps animés, ou ses relations avec ses semblables doués des mêmes facultés que lui.

Les devoirs envers la nature composée de corps bruts et de corps animés seront moins nombreux et moins intéressants que ceux de l'homme envers ses semblables. En effet, les relations de l'homme avec l'homme sont essentiellement intimes, parce que l'homme seul peut vivre de la même vie que l'homme comme il participe de la même nature;

mais la nature qui nous entoure est partout immense autour de nous, plus grande dans sa forme extérieure que l'humanité, de telle sorte que l'homme paraît rencontrer la nature avant d'être en relation avec l'homme lui-même, et c'est pour cela qu'il convient de fixer en quelques traits les devoirs de l'homme envers le monde qui l'entoure, avant d'indiquer les devoirs de l'homme envers ses semblables.

Devoir de l'homme envers la nature composée de corps bruts et de corps animés ou animaux. — Quand nous considérons la nature qui nous entoure, nous sommes saisis d'un sentiment de profonde admiration pour l'harmonie générale; même quand notre intelligence hésite devant les difficultés d'une explication dans les détails de cet ordre universel, nous ne pouvons nous empêcher d'admirer; c'est pour cela, que le devoir de l'homme envers la nature peut se formuler dans le *respect* de l'ordre universel.

En ce qui touche les corps bruts, nous pouvons considérer ce qu'ils peuvent fournir d'avantages à l'homme et ne point les prodiguer par une destruction inutile. Respectez l'herbe qui croît et la plante qui va fleurir; elles font partie du tout immense qu'on appelle la nature, elles peuvent nous procurer des avantages qu'il ne faut pas négliger, et surtout dont il ne faut pas se priver en les détruisant inutilement; il faut donc respecter tous les éléments bruts de cette nature immense qui concourent partiellement à l'ordre universel.

En ce qui concerne les corps animés ou animaux,
inspirés par le même sentiment de respect de l'ordre universel, nous appliquerons les mêmes principes; il ne faut pas détruire pour détruire, il faut
conserver pour se servir sous toutes les formes qui
peuvent procurer un avantage, mais seulement dans
la limite de cet avantage. Ces principes nous obligent
à ne pas traiter cruellement et brutalement les animaux qui vivent avec l'homme ou animaux domestiques; *la douceur et la modération constituent donc
un véritable devoir envers les animaux*, devoir tellement essentiel que la législation moderne l'a spécialement consacré[1].

Devoirs de l'homme envers ses semblables. — *(Morale sociale proprement dite)*. — La morale sociale
comprend l'ensemble des devoirs de l'homme envers
ses semblables. L'homme par sa nature ne paraît
pas pouvoir se suffire à lui-même ; il est, par suite,
né pour vivre en société; c'est même seulement
dans cet état de société qu'il trouve les éléments
utiles pour satisfaire aux besoins de sa nature; l'enfant seul ne pourrait suffire aux nécessités de sa vie
physique; quand l'enfant grandit, l'homme vient physiquement et moralement compléter l'homme pour
la satisfaction des besoins matériels et des aspi-
rations intellectuelles : nous n'en voudrions d'autre
exemple que le besoin d'affection qui ne pourrait

1. La loi du 2 juillet 1850, dite loi Grammont, édicte des
peines contre ceux qui maltraitent les animaux domestiques.

être satisfait sans la vie en société, c'est-à-dire la
vie de l'homme avec l'homme. Ainsi tout vient démontrer que l'existence en société est la condition
même de la nature de l'homme.

Nous devons considérer l'homme à différents
points de vue : l'homme dans la famille; l'homme
dans la cité; l'homme dans la nation; l'homme dans
l'humanité.

L'homme dans la famille. — Si l'on prend le mot
famille dans son sens propre, la famille se compose
de l'ensemble des personnes qui peuvent se rattacher à une commune origine; mais le sens philosophique du mot famille est plus général et il faut
l'appliquer à l'ensemble des personnes qui, à des
titres différents, vivent dans le lien d'une vie commune. C'est ainsi que l'homme dans la famille peut
être tout à la fois *fils, époux, père, maître* ou *serviteur.*

Comme fils, les devoirs de l'homme consistent
dans le respect, l'affection, la reconnaissance envers
ses parents. Ces différents mots n'ont pas besoin
d'être définis; tous ces devoirs sont la conséquence
de la reconnaissance que nous devons à nos parents,
et cette reconnaissance comprend implicitement le
devoir de l'assistance, c'est-à-dire le secours qui est
dû par l'enfant à ses parents dans le cas de besoin,
comme un témoignage légitime de reconnaissance.
Nous ajouterons que les législations anciennes,
aussi bien que les modernes, ont consacré les devoirs de l'homme comme fils, et qu'encore actuel-

lement le devoir de respect et le devoir d'assistance font l'objet de dispositions spéciales dans la législation civile des États européens, la loi civile acceptant et sanctionnant les principes de la loi morale.

Comme époux, les devoirs de l'homme consistent dans l'amour, la fidélité et la protection envers sa compagne. Nous n'avons pas besoin non plus de rechercher une définition de chacun de ces mots; nous remarquerons que ce sont là les devoirs les plus graves et les plus respectables. La société a pour base la famille, et la famille elle-même repose sur la pratique de ces devoirs d'amour, de fidélité et de protection entre les époux; de sorte que c'est ici par excellence le domaine de la morale sociale, puisque toute société se trouve directement intéressée à la régularité de la famille. Nous répéterons ici cette remarque, déjà faite, que le principe de la loi morale s'est trouvé confirmé par la législation civile.

Comme père, les devoirs de l'homme consistent dans l'éducation de ses enfants moralement, intellectuellement, physiquement. C'est dans la famille que l'enfant commence à épeler les premiers mots de la vie, à recevoir les premières impressions; c'est là que le père a le devoir de la triple éducation morale, intellectuelle, physique. Nous n'établissons aucune différence entre chacune de ces formes d'éducation et nous remarquerons à ce point que le devoir de faire instruire les enfants est non moins

strict que celui de les nourrir. C'est pour arriver à
ce résultat qu'il doit se servir de l'autorité paternelle qui est le corrélatif nécessaire du devoir
d'obé¹ssance de l'enfant. Nous comprenons, bien
entendu, dans le cadre de cette éducation, toutes les
notions nécessaires moralement, intellectuellement
et physiquement, et par suite les éléments essentiels de l'instruction civique, qui comporte et la
préparation intellectuelle et même la préparation
physique, puisque l'homme ne peut se comprendre
sans le citoyen et le citoyen sans le soldat.

Nous venons de préciser les devoirs de l'homme
comme fils, époux, père; nous trouvons à côté de
l'homme, des membres de la famille, auxquels il
est uni par une communauté d'origine; ce sont notamment, au premier degré, les frères et les sœurs.
Il n'existe pas, à vrai dire, de devoirs spéciaux pour
régler les relations entre ces différents membres
d'une même famille; ce seront les devoirs généraux
que l'homme a à remplir envers l'homme (tels que
nous les préciserons plus loin) qui trouveront leur
application. Cependant, nous remarquerons que,
dans le fonctionnement intime de la vie de famille,
le devoir d'amour ou charité de l'homme pour
l'homme devra être plus rigoureusement observé
surtout entre frères et sœurs; nous ajouterons
même que le frère aîné ou la sœur aînée peuvent
être appelés à suppléer le père ou la mère et à remplir leurs devoirs.

Comme maître, les devoirs de l'homme consistent

dans la bienveillance et l'équité[1]. L'homme doit se
rappeler pratiquement, comme nous le faisons ici
philosophiquement, que le serviteur fait partie de
la famille, que la bienveillance s'impose comme un
devoir nécessaire au maître, et que celui-ci doit
de plus procéder avec équité envers lui parce que
c'est une conséquence nécessaire du patronage. A
notre époque moderne, ce sont là des devoirs faciles à pratiquer, puisque même chez les nations
qui n'ont pas accepté notre grande devise de
Liberté, d'Égalité, de Fraternité, le principe a pénétré sinon en la forme tout au moins au fond, à
ce point que l'homme a la Liberté par l'abolition
de l'esclavage dans le monde entier, par la suppression du servage dans toute l'Europe; a l'Égalité par l'acquisition de droits considérables au
point de vue public, et nous pouvons le dire, à
l'honneur de l'humanité, avait dès longtemps la
Fraternité.

Comme serviteur, les devoirs de l'homme consistent dans le zèle et la fidélité, le zèle se comprenant dans le sens de l'exécution régulière de ce qui
a pu être prescrit, la fidélité se comprenant de l'ensemble des témoignages de dévouement que comporte la vie dans la famille.

Quelle simplicité de préceptes révélés par la loi
morale! quelle sécurité admirable peut résulter de

1. Nous ne disons pas justice réservant ce mot pour qua-
lifier un autre devoir de l'homme dans l'humanité.

cette pratique pour l'homme et autour de l'homme!
Si la famille était ainsi, si l'homme s'y montrait tel,
la cité, composée de la réunion des familles, joui-
rait d'une harmonie parfaite qui nous parait idéale
et qui cependant devrait être réelle.

L'homme dans la cité et dans la nation. — Jadis
la réunion d'un groupe de familles formait la tribu
compacte dans son agrégation, errante dans sa
marche. La réunion des familles compose chez nous
la cité, c'est-à-dire un ensemble d'individus vivant
dans un même lieu, jouissant des mêmes droits,
ayant des intérêts communs attachés à la collectivité.
La nation suppose l'agrégation de l'ensemble des
cités, c'est-à-dire la totalité des hommes habitant
un même territoire, soumis aux mêmes lois et vivant
en communauté de mœurs et de langage. Il est difficile de considérer d'une manière spéciale et pour
ainsi dire isolée les devoirs de l'homme dans la
cité ; ils se rapprochent trop souvent des devoirs
de l'homme dans la nation, à ce point que l'on peut
dire que l'étude des devoirs dans la cité se confond
avec celle des devoirs dans la nation. On est bien
citoyen d'une ville, mais on est encore plus et surtout citoyen d'une nation, et c'est ce titre qui impose à l'homme les plus importants des devoirs.
Nous préciserons donc sans les distinguer *les devoirs
du citoyen,* c'est-à-dire *les devoirs de l'homme dans
la cité et dans la nation.*

Les devoirs de l'homme dans la cité et dans la
nation se comprennent plus généralement sous la

formule de *devoirs envers l'État*, et impliquent une notion sommaire de ce qu'est l'État.

L'État est l'association de tous les individus constituant une même réunion civile et politique, régis par des lois uniformes, soumis à une même autorité publique, formant un immense corps national, ayant sur un même territoire la communauté du langage, des mœurs et des intérêts généraux. On a quelquefois comparé l'État à la famille, le chef de l'État au père de famille, les ministres aux différents membres de la famille capables par leur âge ou leur intelligence de fournir le concours le plus utile, par exemple au frère ou à la sœur aînée. Nous n'avons pas à insister sur cette comparaison qui ne peut présenter d'intérêt que pour rendre plus sensible la définition du mot État. La patrie est plus spécialement l'État considéré comme étant le pays où l'on a pris naissance.

L'État suppose pour ainsi dire l'existence d'un être moral ayant : 1° une administration supérieure exécutive qu'on appelle le gouvernement, quelle qu'en soit la forme ; 2° une fortune particulière qui doit être employée à pourvoir aux besoins généraux dont les dépenses et les recettes sont réglées annuellement dans le budget [1] ; 3° des droits et des

---

1. Budget, mot anglais dérivé du vieux français (*bougette*) bourse. C'est en 1814 que le mot a été pour la première fois employé pour le règlement des dépenses publiques de l'État, et bientôt le mot s'est généralisé ; à côté de ce budget proprement dit, on a eu le budget des communes, le budget

devoirs, le droit de percevoir des impôts publics pour suffire aux besoins publics et le devoir absolu de protection pour tous les individus.

Les devoirs de l'homme envers l'État peuvent se distinguer suivant que l'homme est *homme public ou gouvernant, homme privé ou gouverné.*

Si l'homme est homme public ou gouvernant, le devoir consiste d'abord pour lui à assurer le *respect des lois* et à les respecter lui-même : c'est là le devoir essentiel de tout gouvernant, puisque les lois sont les règlements considérés comme nécessaires pour l'association générale des individus. Ceux qui ont charge de gouverner doivent donc maintenir ces règlements nécessaires, mais comme le gouvernant, quand il pratique le gouvernement, ne doit jamais oublier qu'il fait partie de l'association générale qu'il dirige, il doit tout le premier respecter la loi; c'est l'oubli de ce grand principe qui a compromis et qui compromet le plus souvent les gouvernants, substituant l'autorité personnelle à l'autorité légale, l'arbitraire à la loi même. Le propre du gouvernement représentatif est de rendre facile l'observation de ce principe, en ne permettant pas la confusion du pouvoir qui fait la loi et du pouvoir qui doit l'ap-

---

des établissements publics, etc. Cette institution d'origine anglaise comme nom avait été précédée en France par un règ'ement des recettes et des dépenses de l'État sous forme de *compte rendu* présenté par Necker en 1781. On en trouverait volontiers l'origine dans l'*État de prévoyance* établi par Colbert.

pliquer, ce qui exclut les accidents de l'arbitraire
dont l'expression la plus nette paraît être : « L'État
c'est moi ».

Si l'homme est homme public ou gouvernant,
le devoir consiste pour lui dans la *justice*, c'est-à-dire
le traitement uniforme de chacun selon ses droits ;
ce devoir s'impose rigoureusement à tout gouvernant
et est malheureusement trop souvent méconnu dans
tous les gouvernements: les gouvernements autoritaires ont besoin de favoris pour les soutenir, mais
on peut s'étonner que les gouvernements indépen-
dants, qui ont pour principe la manifestation de la
volonté populaire, puissent accueillir autour d'eux
cet élément du favoritisme.

Si l'homme est public ou gouvernant, le devoir
consiste pour lui à assurer *la sécurité*, c'est une
sorte de fait réciproque: l'autorité a été confiée aux
gouvernants; on leur a donné le droit de percevoir
des impôts; ils doivent par conséquent subvenir
aux besoins publics, et par suite donner à tous la
protection utile qui procure la sécurité.

Si l'homme est homme public ou gouvernant,
le devoir consiste pour lui dans le *perfectionnement*
des individus, soit dans l'obligation de développer
tous les éléments de l'ordre moral, intellectuel et
physique. C'est dans cet ordre d'idées qu'on rencontre au premier plan le devoir de l'Instruction
publique, c'est-à-dire donnée à tous, imposée même
pour que nul ne puisse en être privé, comprenant
tout à la fois et l'instruction proprement dite, l'édu-

cation morale et civique, et enfin les exercices physiques. C'est dans cet ordre d'idées qu'on trouve au dernier plan toutes les règles du droit pénal qui ne sont rationnelles qu'autant qu'elles se produisent comme un moyen de perfectionnement et non comme un fait de répression.

Si l'homme est homme privé ou gouverné, il a *le devoir d'obéissance à la loi.* Il ne faut pas se laisser impressionner par ce mot d'obéissance; il ne s'agit pas d'une servile soumission, il s'agit de faire, comme homme privé, justement ce que nous exigeons avec raison du gouvernement, quand nous constatons que son premier devoir est le respect des lois. Obéir à la loi, c'est bien la respecter. Dans les gouvernements absolus, où l'autorité n'est pas même remise à un homme, mais se transmet nécessairement par hérédité d'un homme à un homme, l'obéissance à la loi peut paraître rigoureuse, parce que cette loi, c'est quelquefois l'expression de la volonté du maître. Mais dans les gouvernements libres, soit parlementaires[1], soit même constitu-

1. Le gouvernement est parlementaire, lorsque la direction souveraine est confiée à des assemblées qui représentent la nation; le gouvernement est constitutionnel, quand il appartient à un souverain qui le partage avec les assemblées de la nation dans des conditions réglées par une constitution ou par une charte : ce sont là les gouvernements qu'on peut appeler les gouvernements libres, puisque la nation s'y trouve toujours représentée, par opposition aux gouvernements autoritaires dans lesquels le gouvernement appartient à un souverain dont l'omnipotence est sans contrôle.

tionnels, dans lesquels la loi est l'œuvre de corps
représentatifs de la nation, l'obéissance à la loi doit
être toujours facile; c'est, en effet, l'observation
de la volonté des représentants de la nation, l'observation de ce que l'on pourrait appeler la règle
normale émanant de tous pour tous. L'obéissance à
la loi est absolue, à tel point qu'elle doit se produire
d'une manière passive, quelle que soit la prescription légale, puisque c'est la condition du fonctionnement social. La seule question qui puisse se présenter est celle de savoir si jamais l'homme peut
méconnaître le devoir d'obéissance à la loi, et si
l'insurrection peut être jamais pour lui un devoir.
La solution de cette question n'est pas aussi délicate
qu'elle peut le paraître : l'obéissance à la loi est
absolue, comme nous l'avons dit, par là même,
l'insurrection ne peut être légitime en face de la loi,
mais seulement quand la loi est violée; elle devient
alors une forme de protestation pour défendre la
loi. Nous pouvons admettre le principe comme certain; ce qui fait la difficulté, c'est l'interprétation
pratique, chacun pouvant soutenir que la loi est
violée pour se dispenser d'y obéir.

Si l'homme est homme privé ou gouverné, il
a le devoir de *concourir au fonctionnement social;*
il y concourt de deux manières, activement ou
passivement.

Il concourt activement au fonctionnement social,
quand, dans l'ordre politique, il vote, c'est-à-dire
choisit celui ou ceux qui doivent le représenter, être

pour lui de véritables mandataires dans les délibé-
rations qui intéressent la chose publique. Nous
devons insister pour affirmer ici qu'il s'agit bien
d'un devoir; on confond trop facilement les droits
et les devoirs; on dit volontiers les droits de
l'homme, et, parmi ces droits de l'homme, on indique le droit de voter; le moraliste ne peut pas considérer la situation sous cet aspect : pour lui,
l'homme accomplit seulement un devoir, quand
il concourt par son vote au fonctionnement social
et il serait à souhaiter que chaque citoyen se rappe-
lât toujours qu'il s'agit bien d'un devoir.

Il concourt passivement au fonctionnement social,
quand il fournit l'impôt en nature[1] par son travail
personnel, ou en argent pour assurer le fonctionnement de la chose publique.

L'homme privé ou public, gouvernant ou gou-

1. Certains impôts peuvent se produire sous la forme de
prestations en nature (entretien des chemins par prestations
en nature; ce mode, qui nous vient des corvées du passé,
tend de plus en plus à s'effacer, parce que le travail de
chacun est différent et par suite ne permet pas l'uniformité
nécessaire à la régularité d'un service. L'impôt se trouvera
assurément bientôt ramené à la forme d'une perception pé-
cuniaire. Les impôts qui sont fournis sous forme de percep-
tions pécuniaires atteignent celui qui les doit ou contribuable
directement quand une somme lui est directement réclamée
(contributions directes), indirectement quand l'impôt est
perçu, par exemple, sur une nature de denrées ou produits,
et que le prix s'en trouve ainsi surélevé pour le contribuable
de l'importance du chiffre de l'impôt sur la denrée ou le
produit (contributions indirectes), tabac, alcool, liqueurs diverses, cartes à jouer, octrois, etc.

verné, le citoyen, en un mot, quel qu'il soit, a un double devoir à remplir, nous ne dirons pas envers l'État, mais envers la patrie. L'État est, comme nous l'avons dit, un être moral avec un gouvernement, avec une fortune particulière, avec des devoirs, mais également avec des droits ; l'État se présente donc à nous avec un ensemble d'exigences dans le sens propre du mot. La patrie, au contraire, est dégagée de tout cela ; c'est, comme nous l'avons définie, le pays où l'on a pris naissance. Les poètes anciens (peuples agriculteurs après avoir été peuples pasteurs) pouvaient chanter la terre *alma mater*; pour nous, nous considérons aussi l'idée de naissance quand nous contemplons la patrie à l'égal d'une mère que nous devons *aimer et servir :* tel est le double devoir que le citoyen, gouvernant ou gouverné, doit placer au-dessus de tous les autres. Aimer la patrie, le devoir par excellence, celui qui constitue le lien du patriotisme, c'est vivre d'une même vie avec tous les membres de notre nation, c'est souffrir des mêmes désastres, se glorifier des mêmes triomphes, c'est la solidarité sociale réunissant par des liens étroits tous les citoyens d'une même nation dans une commune affection de la mère patrie, premier sentiment qu'on doit développer chez l'enfant [1], dernier sentiment qui doit rester chez l'homme.

---

1. Au point de vue pédagogique, l'instituteur développera le sentiment du patriotisme chez l'enfant par l'étude expliquée des grandes pages de l'histoire nationale.

Servir la patrie est la conséquence directe de l'amour que l'on ressent pour elle; nous sommes prêts à tous les dévouements pour ceux que nous aimons ardemment. Servir la patrie peut se manifester sous des formes diverses, et chaque citoyen, dans la sphère plus ou moins étendue de ses actes et de sa position, peut fournir un service différent à la patrie. Mais servir sa patrie, c'est surtout se mettre à la disposition de la patrie pour le *service militaire;* c'est le fait de consacrer à la patrie avec une complète abnégation tout son être physique et moral; c'est l'acte d'abandonnement et de renonciation le plus absolu à tout ce qui nous entoure, pour ne voir qu'une seule chose, servir la patrie qu'on aime! Il faut que ce sentiment nous inspire même quand la patrie n'est pas en danger, même quand nous faisons école pour l'heure du danger, afin que, le moment suprême arrivant, le citoyen marche en avant sans jamais jeter un regard en arrière.

Ce devoir est tellement grand que, s'il honore la patrie à qui on le doit, il n'honore pas moins celui qui le pratique et il n'admet pas ces tempéraments du temps passé, grâce auxquels servir la patrie devenait un privilège de la naissance, non plus que ces tempéraments des temps plus récents, grâce auxquels on pouvait, chez certaines nations, se substituer un tiers dans l'honneur de servir la patrie[1].

1. Le service militaire est organisé dans les nations européennes suivant des modes différents. En France, tout

Nous avons examiné les devoirs de l'homme dans la cité et dans la nation, compris sous la formule plus générale des devoirs envers l'État; après avoir précisé les devoirs du citoyen, homme privé ou public, gouvernant ou gouverné, nous avons noté que le citoyen devait aimer et servir sa patrie, soit qu'il fût homme public ou privé, gouvernant ou gouverné, ce qui constitue un double devoir pour chaque citoyen dans tous les cas.

Nous avons maintenant, à raison de la nature de notre travail, à indiquer les devoirs d'un citoyen qui a dans l'État un mandat spécial, considérable entre tous, nous voulons parler des devoirs de l'instituteur; nous signalerons en même temps les devoirs réciproques de l'élève envers l'instituteur. Nous n'avons pas cependant la prétention de présenter ici un traité complet de pédagogie, nous voulons seulement préciser les grandes lignes.

Le mandat que la société confie à l'éducateur ou à l'instituteur est considérable, comme nous venons de le dire; il s'agit de développer les jeunes intelligences par un travail bien compris et une étude bien dirigée, afin d'instituer (c'est-à-dire établir par avance) dans l'enfant le citoyen de l'avenir; c'est donc l'État[1] qui remet à l'un des membres de l'as-

citoyen a le devoir du service militaire; mais il existe encore de grandes nations européennes qui n'ont pas accepté cette pratique; on peut citer notamment l'Angleterre.

1. C'est en effet, l'État qui tenant justement compte de l'importance de l'instruction l'a rendue obligatoire et gratuite

sociation générale le soin de former ainsi tous les
groupes de citoyens qui seront appelés à constituer
la nation. Il s'agit pour lui de donner à tous ces enfants, qui seront des hommes demain, l'instruction
mais de plus l'éducation; on confond trop facilement
ces deux choses absolument différentes : donner
l'instruction, c'est communiquer à l'enfant des notions sur la langue, sur les sciences et même sur les
arts; donner l'éducation, c'est inspirer à l'enfant
l'habitude du bien, la crainte du mal, parce qu'en
effet l'éducation ne peut exister sans la morale; c'est
enfin assouplir son caractère, pour préciser en une
formule qui n'a pas la prétention d'affecter le langage philosophique, nous dirions volontiers que
l'instruction parle à l'intelligence et que l'éducation
s'adresse au cœur.

Quand nous parlons des devoirs de l'instituteur,
nous ne mentionnons pas le *devoir de l'instruction,*
puisque l'instituteur doit avant tout être digne de
remplir le mandat qui lui a été confié, c'est-à-dire
posséder l'ensemble des connaissances qui lui sont
nécessaires.

Le devoir essentiel à l'instituteur est le *respect
de l'enfant;* la pratique de ce devoir se rencontre
partout dans l'instruction et dans l'éducation ; c'est
par respect de l'enfant que l'instituteur doit conserver dans sa vie et dans ses discours la plus

pour tous, l'a prise pour ainsi dire en charge; par suite, c'est
l'État qui doit nommer le mandataire auquel il confie l'exécution de cette mission sociale. (Loi du 28 mars 1882.)

grande convenance; il doit non pas seulement être
considéré comme un maître, mais être accepté
comme un exemple vivant d'enseignement moral.
L'enfant est très impressionnable, sensible aux faits
du monde extérieur, et il recueille encore mieux un
exemple qu'une leçon. C'est par respect de l'enfant
que l'instituteur doit ne porter aucune atteinte à la
liberté de celui dont l'éducation lui est confiée; s'il
peut demander l'obéissance, il doit dans tous les cas
laisser à l'enfant une part d'initiative pour lui faire
bien comprendre ce qu'est la liberté, et par suite
ce qu'est la responsabilité. Donc le respect de l'enfant dans les différentes manifestations qu'il peut
produire est le devoir indispensable de l'instituteur.

L'instituteur a ensuite pour devoir *d'aimer ses
élèves;* c'est en aimant d'abord lui-même qu'il saura
se faire aimer ensuite, et permettra cette communication directe de deux âmes qui rendront plus
faciles et plus utiles pour le maître et pour l'élève
l'instruction et l'éducation. L'enfant doit retrouver
quelque chose de la famille dans l'école : c'est par
la bienveillance que l'instituteur manifestera son
amour pour l'enfant.

L'instituteur a enfin pour devoir d'être *juste* et
de pratiquer le principe d'égalité absolue envers
chacun des enfants qui lui sont confiés, c'est-à-dire
de maintenir entre tous l'égalité la plus parfaite, afin
de ne pas traiter trop bien les uns au préjudice des
autres. Ainsi, respecter l'enfant, aimer l'enfant, être
juste envers l'enfant, tels sont par excellence les

trois devoirs que l'instituteur doit observer pour remplir le mandat social qui lui a été confié.

Les devoirs de l'élève présentent d'abord une sorte de réciprocité avec ceux de l'instituteur; l'élève doit aussi le respect, mais ce devoir n'a pas les mêmes conséquences pour l'enfant que pour le maître. Le maître est tenu de respecter l'enfant en lui-même au moral et au physique d'une manière absolue, et le respect doit être la règle intime de toute sa conduite; pour l'enfant, au contraire, le respect se manifestera seulement dans les faits de déférence et les témoignages de convenance qu'il doit avoir envers l'instituteur. L'enfant a le devoir d'aimer l'instituteur et ici la réciprocité est complète; mais de plus, l'enfant a le devoir d'obéissance qui consiste dans l'exécution de tout ce qui lui est donné à faire et l'observation de tout ce qui lui est recommandé. Ainsi respecter son instituteur, l'aimer, lui obéir, tels sont les devoirs de l'enfant envers l'instituteur. On a prétendu ajouter la reconnaissance, mais c'est le résultat d'une erreur, puisque la reconnaissance est nécessairement comprise dans le devoir d'amour ou d'affection dont elle n'est pour ainsi dire qu'une forme.

L'homme dans l'humanité. — Les devoirs que nous allons déterminer trouvent une application répétée dans la vie de l'homme, puisqu'ils supposent la relation de l'homme en société avec *l'humanité*, c'est-à-dire avec l'ensemble de tous les êtres, ses semblables, doués comme lui des mêmes facultés, et ce, sans aucune distinction d'origine, résultant soit de la famille, soit de la nation. Nous retrouverons encore ici comme base de tout devoir les deux principes qui nous ont été fournis par la morale théorique : « Faire ce qui est bien, éviter ce qui est mal » ; la morale pratique nous apportera les formes les plus ordinaires de l'application de ces deux principes.

Les devoirs de l'homme dans l'humanité peuvent se distinguer d'une manière facile à saisir, suivant que l'on considère la relation de l'homme avec l'homme ou la relation de l'homme avec la chose.

Si l'on considère *la relation de l'homme avec l'homme,* le devoir essentiel de l'homme, devoir unique parce qu'il comprend toutes les manifestations possibles, sera *l'amour ou charité.* Nous disons que le devoir d'amour ou charité comprend toutes les manifestations possibles, l'amour que l'on ressent, l'amour que l'on inspire, le pardon ou oubli des injures et des inimitiés, ce qui nous permet de « nous défaire de nos ennemis en en faisant des amis », comme l'indique une sorte de dicton philosophique. C'est un *devoir positif* qui nous oblige à aimer notre semblable, à ressentir pour lui un sentiment de charité, c'est-à-dire d'affection vive. L'humanité doit être pour l'homme une grande famille ; nous en faisons tous partie, nous en sommes tous

1. Charité ne doit pas être pris ici dans le sens vulgaire du mot, mais dans son sens étymologique *caritas,* amour, affection; *carus,* cher.

membres, et nous devons être tous unis comme des
frères; cette fraternité universelle, qu'on a prétendu
n'être qu'un mythe, doit être et est réellement une
réalité pour l'homme soucieux du respect de la loi
morale.

Nous disions que c'était le devoir *unique* de
l'homme considéré dans ses relations avec l'homme,
parce qu'il comprenait toutes les manifestations
possibles.

Il semble le plus grand des devoirs positifs et
stricts : de l'amour ou charité dérive en effet *le
devoir pour l'homme de respecter la vie de son semblable*, c'est ici un *devoir négatif*, puisqu'il consiste,
non dans une action, mais dans une abstention,
soit ne pas faire, ne pas entreprendre contre la vie
d'autrui ce qu'on ne voudrait pas qu'on entreprît
contre la nôtre. L'homicide, c'est-à-dire le fait de
tuer son semblable[1], est le manquement le plus
grave à la morale, et, chez tous les peuples, une
infraction que les coutumes ou les lois répriment

1. L'homicide est le mot générique : l'homicide se distingue de l'assassinat en ce sens qu'il peut être le résultat
d'un mouvement spontané et même d'une maladresse, et que
l'assassinat implique la préméditation, c'est-à-dire la délibération avant l'action. L'assassinat peut présenter des carac-
tères de gravité exceptionnelle dans le fait de tuer son père
ou sa mère (parricide) ou son enfant (infanticide), puisque
c'est une double infraction, d'abord au devoir d'amour ou
charité qu'on doit pratiquer, et ensuite aux devoirs particuliers qu'on doit remplir d'une manière spéciale envers ces
membres de la famille.

rigoureusement. On a cherché cependant s'il exis-
tait un cas où l'homicide ne serait plus répréhen-
sible, et l'on a trouvé le cas de *légitime défense*,
soit que le fait se produise isolé en présence d'une
attaque directe contre notre personne, soit que le
fait se présente comme une résistance collective
provoquée par une attaque collective, comme dans
le cas de guerre. L'homicide n'est plus un manquement à la loi morale dans le cas de légitime défense, parce qu'il est alors l'observation du devoir
de conservation de notre être.

Il faut limiter et non pas étendre le cas de légitime défense; la défense ne peut se présenter
comme légitime qu'autant qu'elle est la réciproque
de l'attaque : porter atteinte à la vie d'autrui ne
peut se comprendre que si notre propre existence
est menacée; aussi nous avons soin d'indiquer que
la légitime défense n'existe que s'il s'agit de la conservation de notre être. On peut être entraîné à
défendre le droit respectable de la propriété, dont
nous parlerons plus loin, par tous les moyens possibles, mais non pas en portant atteinte à la vie de
son semblable.

Nous reconnaissons qu'il sera quelquefois difficile de préciser préventivement l'intention de
l'agresseur et de déterminer si son attaque est
contre notre vie ou contre notre propriété, et par là
même résoudre pratiquement la question de la légitime défense. On peut comprendre, comme nous
venons de le faire, dans le cas de légitime défense,

le cas de guerre, puisque le fait d'attaque collective
d'une nation contre une nation implique la légitime
défense de chacun des membres qui représentent
une nation contre chacun des citoyens de l'autre
nation ; le conflit, qui paraît général, devient ainsi
particulier entre chacun de ceux qui doivent prendre part à la lutte. Si l'on arrive à justifier l'homicide dans la guerre, comme nous venons de l'indiquer, il est un cas dans lequel la justification de
l'homicide nous paraît plus difficile, c'est *le cas de
la peine de mort.*

La société, qui devrait respecter la loi morale,
tue celui qui a tué [1] ; il ne s'agit pas de réparer et
de payer le sang par le sang, il ne s'agit pas de
prendre une précaution et de prévenir une nouvelle
attaque; il ne s'agit donc pas d'un cas de légitime
défense contre ce coupable que la justice a dans
ses mains et contre lequel les moyens de coercition,
de protection et de précaution ne manqueraient
pas; il s'agit, dit-on, de l'exemple qui vient inspirer le respect de la vie humaine en montrant la
terrible satisfaction que la société exige. Étrange
exemple que celui qui procède en méconnaissant la
règle qu'on doit faire observer! Étrange exemple
que celui qui ne doit pas instruire mais qui doit

---

1. La peine de mort a été inscrite dans les législations
modernes le plus généralement contre celui qui a commis
l'homicide; les législateurs ne l'ont même appliquée qu'aux
cas les plus graves, mais c'est un progrès du temps que la
rigueur des législations précédentes n'avait pas accepté.

terroriser! Étrange exemple enfin qui se produit maintenant dans un cercle que l'on prétend rendre de plus en plus étroit[1] alors que l'exemple existe seulement par la publicité! c'est une erreur que de chercher à justifier l'homicide légal inscrit dans la loi comme constituant un châtiment suprême : nous omettons trop facilement les principes de la loi morale; en effet, nous avons vu[2] que les gouvernants ont le devoir de perfectionnement des individus, nous avons même remarqué que les règles du droit pénal, pour être rationnelles, doivent se produire comme un moyen de perfectionnement, et non comme un fait de répression; la peine doit donc toujours avoir pour but, non pas de réprimer, mais de perfectionner; il ne suffit pas de punir, il faut instruire; il ne suffit pas de frapper, il faut réformer; il faut en un mot perfectionner les individus en administrant une peine qui puisse être un enseignement pour celui qui la reçoit, en même temps qu'elle est un enseignement pour tous les autres; c'est ce mode de perfectionnement, cet enseignement que nous cherchons vainement dans la peine de mort; la société doit donc respecter la vie humaine, même la vie du coupable.

1. Certaines législations étrangères, en maintenant la peine de mort, ont organisé l'exécution avec une sorte de mystère; la législation française paraît devoir adopter bientôt ce système, comme il résulte des travaux législatifs les plus récents.

2. Voir page 58.

Il est un autre cas où la discussion n'est pas même nécessaire, c'est le cas du duel. On ne peut justifier cette lutte en champ clos qui, pour satisfaire à des considérations toutes particulières, suppose une attaque réciproque contre la vie humaine.

Le devoir de respect de la vie d'autrui est si absolu que l'infraction doit exister, non pas seulement dans le cas d'homicide volontaire, mais dans le cas de l'homicide involontaire et même des blessures involontaires, tellement grande doit être la vigilance que nous devons apporter pour ne compromettre en aucune façon la vie humaine!

Si l'on considère encore la relation de l'homme avec l'homme, on trouve, comme dérivé du grand devoir positif de l'amour ou charité, le devoir négatif qui consiste à respecter la *liberté de son semblable*, c'est-à-dire à s'abstenir de tout fait quelconque qui viendrait porter atteinte à cette liberté, et ici nous ne devons pas confondre la liberté dont nous nous occupons avec la liberté psychologique dont nous avons déjà parlé, et qui a été considérée par nous comme le caractère essentiel de la volonté[1] prenant une délibération essentiellement libre; nous nous occupons maintenant de la liberté d'action, de celle qui nous permet de manifester notre activité au dehors. Nous ne devons pas porter atteinte à la liberté de notre semblable, puisque, si l'homicide supprime et compromet la vie humaine au point de

1. Voir pages 20, 21, 22, 23, 24.

vue pour ainsi dire matériel, de même l'atteinte à
la liberté supprime et compromet la personnalité de
notre semblable; ainsi l'esclavage, le servage[1],
constituaient des infractions à la loi morale, comme
la séquestration en constituerait une également.

La réglementation autoritaire du travail serait
une atteinte à la liberté, et c'est ainsi que la grève[2]
n'est qu'une protestation contre une atteinte à la
liberté, quand elle est une revendication contre
cette réglementation autoritaire. C'est un devoir,
comme nous l'avons déjà dit, de respecter l'enfant
dans sa liberté et de lui inspirer l'obéissance, sans
faire disparaître son initiative individuelle, de telle
sorte que l'obéissance devienne pour lui un acte de
volonté.

Du grand devoir positif de l'amour ou charité
dérive le devoir positif d'*assistance* tellement que
l'assistance se définit par le mot de charité qui,
après avoir exprimé le fait d'aimer, exprime le fait
de secourir. L'assistance est la manifestation sensible et utile de l'amour ou de la charité et se produit au point de vue matériel comme au point de
vue moral, soit qu'elle organise des moyens préventifs pour secourir par des institutions de prévoyance, soit qu'elle établisse des institutions de

1. Le servage sorte d'esclavage réduit dans lequel le serf
est attaché à la terre.
2. La grève est le nom donné au lieu où les ouvriers se
réunissent pour être embauchés ; de là le nom de grève
donné aux coalitions d'ouvriers.

charité pour aider ceux qui souffrent, soit qu'elle distribue l'aumône (l'acte de la charité spontanée par excellence), elle est toujours la fonction naturelle de l'homme envers l'homme; c'est donc un devoir dont l'observation doit être aussi générale que facile[1].

Enfin, justement parce que nous considérons actuellement la relation de l'homme avec l'homme à côté des devoirs généraux que nous venons de préciser, il en est un autre qui s'impose à l'homme à raison de sa destinée : l'homme est appelé à vivre avec l'homme; nous avons montré d'une manière générale que la vie en société est le propre de la nature humaine; puisque nous faisons de la morale pratique, il faut aller au delà des devoirs généraux qui le plus souvent sont consacrés par les législations positives, c'est-à-dire par la législation écrite de chaque pays; ainsi nous pénétrerons dans le détail de la pratique même de la vie et nous serons amenés à affirmer pour l'homme le *devoir de convenance ou de sociabilité;* ce devoir positif dérive, comme les autres, de l'amour ou charité : l'homme a le devoir d'assistance parce qu'il doit aimer son semblable, mais pour ce même motif, il ne doit pas

---

1. Nous citerons notamment comme institutions de charité les différents services de l'assistance publique, hôpitaux, maisons de retraite, secours à domicile, les institutions particulières telles que l'hospitalité de nuit, etc. Nous citerons ensuite comme institutions de prévoyance les sociétés de secours mutuels, la caisse des retraites pour la vieillesse, etc.

s'arrêter à l'assistance, il doit montrer la *conve-nance* qui consiste à s'efforcer de maintenir l'accord entre lui et ses semblables, et à satisfaire ainsi la *sociabilité*, c'est-à-dire la disposition innée qui le porte à vivre en société. Ce devoir de convenance ou de sociabilité est moins considérable dans ses conséquences que l'assistance, mais il est pour ainsi dire incessant dans ses manifestations. Les philosophes, les moralistes modernes en parlent, mais sans le spécifier ni le préciser. Sénèque, le philosophe romain, reconnaissait formellement l'existence de ce devoir qu'il considérait comme un principe[1].

Le devoir de convenance ou de sociabilité se manifeste par l'*indulgence* envers ses semblables, soit par la bienveillance dans l'appréciation de leur conduite; le devoir de convenance ou de sociabilité se manifeste également par la *tolérance*, c'est-à-dire par la condescendance que nous montrons à ne point repousser les opinions ou croyances d'autrui; il se manifeste encore par la *politesse*, c'est-à-dire par la forme la meilleure donnée aux rapports de l'homme avec l'homme. Quand nous parlons de politesse, nous paraissons loin des devoirs de la morale, et cependant, comme c'est un des modes de pratiquer le devoir de convenance ou sociabilité, nous pouvons remarquer que la politesse est voisine de la charité, c'est-à-dire de l'affection, puis-

---

1. Telle est l'appréciation de Bouchaud, Institut, *Mémoires, Sciences morales et politiques,* tome IV, page 407.

qu'elle a pour but de donner à toutes choses une
forme agréable qui justifie le mot de Voltaire :

La politesse est à l'esprit
Ce que la grâce est au visage;
De la bonté du cœur elle est la douce image,
Et c'est la bonté qu'on chérit.

Ce que l'on peut dire, c'est que par la politesse,
en pratiquant le devoir de convenance ou de sociabilité, la loi morale se trouve mise à la portée de
tous dans tous les faits.

Si l'on considère *la relation de l'homme avec la
chose*, le devoir essentiel de l'homme, devoir unique
parce qu'il comprend toutes les manifestations possibles, sera la *justice*.

La justice peut se définir, philosophiquement parlant, le respect du droit. Quand il s'agit de la relation de l'homme avec les choses, nous devons considérer le devoir tel que nous le connaissons déjà ;
mais nous rencontrons immédiatement en présence
un principe, pour ainsi dire réciproque du devoir,
c'est le *droit*, qui se comprend du pouvoir que
l'homme a d'exiger de tous et de chacun l'accomplissement du devoir. Ainsi, au devoir essentiel de
justice correspondra le droit d'exiger de chacun et
de tous la scrupuleuse observation du même devoir
de justice vis-à-vis de nous.

Nous avons dit que le devoir de justice était
unique, parce qu'il comprenait toutes les manifestations possibles de la justice, mais pour rendre la

démonstration plus sensible, il suffit de remarquer
que, quand on considère la relation de l'homme
avec la chose, le devoir de justice consistera dans
le respect le plus absolu du domaine de chacun. Le
domaine de chacun comprend tout à la fois et des
choses matérielles et des choses morales, de telle
sorte que nous aurons à considérer le devoir de
justice en ce qui touche les choses matérielles ou
domaine matériel, en ce qui touche les choses morales
ou domaine moral.

Il importe avant tout de définir ce que nous comprenons par ce mot domaine : le domaine est pour
nous tout ce qui est dans notre propriété, et la propriété sera l'appropriation spéciale et personnelle
que nous aurons d'une chose ; ainsi le droit de propriété établit une relation directe entre l'homme et
la chose.

En ce qui touche *le domaine matériel*, le devoir
de justice consistera, comme nous l'avons dit, dans
le respect le plus absolu du domaine de chacun. Il
faut, pour justifier l'observation de ce devoir de
justice, rechercher la cause même du respect que
nous devons avoir du domaine de chacun, c'est-à-
dire du droit de propriété que chacun peut avoir par
l'appropriation qu'il a faite de telle ou telle chose.
La cause du respect de la propriété vient de l'origine même de la propriété : c'est le travail que
nous rencontrons toujours dans le passé comme dans
le présent, comme cause productive de la propriété.
Si nous prenons l'histoire dans les temps les plus

reculés et si nous consultons la constitution des premières sociétés, si nous examinons la fondation des
premiers États, nous trouvons l'effort du travail chez
le barbare qui pénètre sur un territoire, l'effort du
travail chez celui qui s'y installe plus tard, nous re-
trouvons le travail militaire du guerrier qui est ré-
compensé par l'attribution d'une partie du territoire;
c'est, dans les origines de notre société française,
l'alleu (*all-sort-lot et od propriété*) ; c'est aussi le fief
(*fee-salaire et od propriété*) qui récompensera le travail
militaire fourni par celui que le chef voudra spécialement attacher à sa fortune. Nous rencontrons ainsi
le travail comme origine de la propriété des for-
tunes patrimoniales qui paraissent les plus anciennes, et dont la concession a eu toujours pour
origine un élément de service personnel à rendre
par celui qui l'obtenait. Si nous nous plaçons dans
les temps modernes pour examiner la constitution
de la propriété, ce sera encore le travail qui pro-
duira *l'épargne*, c'est-à-dire cette portion réservée
que l'homme distrait de ses besoins matériels, pour
assurer son avenir et celui des siens contre toutes
les éventualités [1]. Le travail a donc été, est et sera
toujours la cause essentielle productive de la pro-

1. La fondation des caisses d'épargne a eu pour but de
développer le principe de l'épargne. La première caisse d'é-
pargne paraît avoir été fondée à Hambourg, en 1778 ; à Berne,
en 1787; à Rutwell en 1810; à Édimbourg, en 1813; à Londres,
en 1816.

En France, une société, à la tête de laquelle étaient Ben-

priété. Or, comme le travail, quelle que soit sa nature, n'est rien autre chose que la mise en œuvre
des facultés de l'homme, il doit être respecté comme
propre de l'homme, c'est par lui que l'homme pourvoit à ses besoins, évite les souffrances qu'apporte la
misère; c'est par le travail également que l'homme qui
n'aura pas la nécessité de subvenir à ses besoins matériels, devra perfectionner ses facultés, c'est-à-dire
devenir plus utile à lui-même et aux autres: l'oisiveté
n'est-elle pas en effet la mère de tous les vices?

Il semble que la propriété, qui repose sur le travail, doive être considérée comme de droit naturel
et non comme de droit civil; la propriété existe par
le travail propre de l'homme, résultat de l'effet naturel de ses facultés; la propriété est donc la conséquence du droit naturel, et c'est seulement la
réglementation organisée par chaque législation qui
est de droit civil.

L'homme doit pratiquer le devoir de justice en
respectant le domaine de chacun, c'est-à-dire le droit
de propriété qui est transmissible par la volonté de

jamin Delessert et Larochefoucauld-Liancourt, fonda, à Paris,
en 1818 une caisse d'épargne.

Plus tard, les sociétés de secours mutuels ont permis de
consacrer l'épargne à l'assurance contre la maladie, quelquefois même contre la vieillesse. Dans certaines nations les
gouvernements prétendent établir des institutions pour assurer le travailleur contre le chômage, c'est-à-dire contre les
effets de l'interruption du travail, en exigeant un abandon
infiniment petit de l'épargne, auquel les communes vien-
draient ajouter une contribution.

celui qui en est investi ou conformément à une disposition de la loi. Le vol qui est l'appréhension [1]
frauduleuse de la chose d'autrui est donc une infraction à la règle du devoir de justice, infraction
que la loi morale réprouve et que les diverses législations prohibent par l'application des peines ri-
goureuses. Mais le domaine de chacun n'est pas
seulement respectable en ce sens que l'appréhension
irrégulière de la chose d'autrui doive être considérée comme une infraction à la loi morale, il faut
respecter le domaine d'autrui, non pas seulement
en ne l'appréhendant pas sans le consentement du
propriétaire, mais il faut respecter la propriété en
n'y portant atteinte d'aucune sorte ; ainsi, par
exemple, la dégradation de la chose d'autrui serait
un manquement au respect de la propriété, une
infraction au devoir de justice.

Le respect de la parole donnée ou des conventions, des contrats, pour prendre le mot juridique,
constitue également l'application du devoir de justice ; l'obligation qu'on a prise envers autrui est
devenue une partie essentielle du domaine d'autrui,
tellement que la promesse de vente dans la législation française vaut vente ; nous devons donc respecter la parole donnée ou les conventions en vertu
des principes mêmes que nous venons de préciser.

En ce qui touche *le domaine moral*, qui comprend
les choses morales, nous devons d'abord expliquer

1. Appréhender veut dire saisir.

ce qu'il faut entendre par le domaine moral. Nous ne sommes pas seulement propriétaires de choses matérielles, nous n'avons pas seulement un patrimoine matériel, il y a pour l'homme un patrimoine pour ainsi dire immatériel, constituant une véritable propriété morale aussi respectable que la propriété du domaine matériel : nous voulons parler de l'honneur. Le domaine moral est donc composé des différents éléments d'honneur et de considération attachés à la personne.

Le devoir de justice nous impose de respecter ce domaine moral, et nous avons le droit de le faire respecter. L'homme doit à ce titre s'abstenir de *la calomnie*, c'est-à-dire d'imaginer le récit de faits faux attentatoires à l'honneur et à la réputation de son semblable ; pour le même motif, l'homme doit s'abstenir même de la *médisance*, c'est-à-dire de divulguer le mal commis par son semblable ; dans les deux cas, il y aurait *diffamation*, mot qui, s'attachant au résultat, comprend l'atteinte à l'honneur et à la réputation d'autrui par le récit d'un fait faux ou vrai. Nous avons d'autant plus le devoir de respecter le domaine moral de l'honneur et de la considération de chacun, que nous trouvons plus difficilement une réparation de l'atteinte que la calomnie et la médisance peuvent causer ; le repentir peut bien atténuer pour la victime le mal causé par la diffamation, mais ne peut l'effacer complètement.

Nous venons de déterminer les devoirs de l'homme considéré dans les différentes relations de la vie ;

quand nous avons parlé de l'homme le plus généralement, nous avons traité par là même des devoirs
de la femme. Cependant il est des devoirs qui sont
particuliers à l'homme et que la femme n'a pas à
remplir dans nos sociétés; si la femme a à l'égal de
l'homme le devoir d'aimer la patrie, et si elle doit
pratiquer ce devoir sous toutes les formes de manifestations, elle n'a ni l'obligation du service militaire, ni le devoir de concourir au fonctionnement
social par le vote. C'est seulement par exception et
dans d'étroites limites que le droit de vote a été,
dans certaines législations modernes, concédé à la
femme au point de vue des intérêts de la cité. Mais
il y a des devoirs qui semblent plus particuliers à la
femme; notamment les devoirs qu'elle a à remplir
dans la famille comme mère, puisqu'elle se trouve
plus spécialement chargée de l'éducation morale,
physique et intellectuelle des enfants.

Nous avons tracé les grandes règles de la morale
et formulé des principes qui sont ceux de tous, puisqu'il s'agit des devoirs de tous; nous constaterons
que l'initiation de l'enfant aux éléments du devoir
et à l'application des devoirs est une condition indispensable de l'éducation; nous constaterons également que le rappel des règles du devoir et des
devoirs en particulier devrait être aussi une condition du fonctionnement social; il ne suffit pas, en
effet, de réprimer les infractions commises contre la
loi sociale, il faut rechercher les moyens préventifs
de perfectionnement et d'instruction.

Tableau synoptique « des devoirs ». — Morale spéciale ou pratique.

1° DEVOIRS DE L'HOMME ENVERS LUI-MÊME (MORALE INDIVIDUELLE OU PERSONNELLE).
- Devoir relatif au corps...... Devoir de conservation.
- Devoir relatif à l'âme...... Devoir de perfectionnement de nos facultés.

Devoir de l'homme envers la nature composée de corps bruts et de corps animés ou animaux. { Respect de l'ordre universel.

2° DEVOIRS DE L'HOMME ENVERS LE MONDE QUI L'ENTOURE (MORALE SOCIALE).

Devoirs de l'homme envers ses semblables (*Morale sociale proprement dite*).

L'homme dans la famille.
- Comme fils. { Respect. Amour. Obéissance. Reconnaissance. Assistance.
- Comme époux. { Amour. Fidélité. Protection.
- Comme père. { Éducation. { Morale. Intellectuelle. Physique.
- Comme maître. { Bienveillance. Équité.
- Comme serviteur. { Zèle. Fidélité.

L'homme dans la cité.
- Homme public ou gouvernant. { Respecter les lois. Pratiquer la justice. Assurer la sécurité. Perfectionner les individus.
- Homme privé ou gouverné. { Obéir à la loi. Concourir au fonctionnement social.
- Homme privé ou public, gouvernant ou gouverné. { Double devoir envers la patrie : Aimer et servir.

L'homme dans l'humanité.
- Relation de l'homme avec l'homme. Amour, charité. { Respecter la vie de son semblable. Respecter la liberté de son semblable. Assistance. Convenance ou sociabilité.
- Relation de l'homme avec la chose. Justice. { Domaine matériel. { Respecter la propriété. Domaine moral. { Respecter l'honneur et la considération.

CHAPITRE III

Logique

Objet de l'étude de la logique. — La logique est l'étude des moyens à employer pour diriger les facultés intellectuelles dans la recherche et la démonstration de la vérité. On a dit quelquefois que c'était « l'art de penser », et par suite il semblait inutile d'asservir la faculté si puissante de la pensée à des règles et à des méthodes qui lui enlevaient tout à la fois sa grandeur et sa liberté. C'est cette considération qui a fait abandonner l'enseignement détaillé de la logique; cependant, quand on veut bien examiner, il est facile de remarquer que la logique est une partie essentiellement pratique de la philosophie, qu'elle est partout sans qu'on s'en doute et est, à vrai dire, *la science du raisonnement.* Ainsi nous raisonnons par analyse, par synthèse, par induction, par déduction, sans nous rendre toujours bien compte que ces modes de raisonnement nous sont enseignés par la logique.

La logique nous apparaît sous une forme encore plus pratique, quand nous parcourons les différentes

sciences qui lui empruntent leurs méthodes de raisonnement.

De la méthode. — La méthode est le procédé que
suit notre esprit pour rechercher et démontrer la
vérité; elle peut varier suivant les modes de raisonner et suivant les procédés particuliers du raisonnement.

§ 1.

Des principaux modes de raisonner.

Nous pouvons employer différentes manières de
raisonner :

1° *Par analyse*, c'est-à-dire en décomposant le
fait ou le phénomène soumis à notre esprit pour en
étudier successivement les éléments.

2° *Par synthèse*, c'est-à-dire par recomposition
des éléments d'un fait, d'un phénomène. Ces deux
manières de raisonner sont étroitement unies et se
complètent l'une par l'autre; en effet l'analyse passe
de l'ensemble aux éléments, du général au particulier; la synthèse au contraire passe des éléments à
l'ensemble, du particulier au général; elle recon-
stitue ce que l'analyse avait décomposé. Dans la pratique, l'analyse nous permet de pénétrer dans le
domaine de la vérité, et la synthèse finit l'œuvre.
Nous ne voulons pas présenter un exemple choisi
dans la science philosophique; mais nous le pren-
drons dans les sciences physiques. Si nous étudions

la pile électrique, nous procédons par analyse, quand nous en distinguons les différents éléments composés de métaux dissemblables et le liquide qui peut les mettre en contact; cet examen nous présente une série d'idées partielles qui vont de l'ensemble au particulier; mais, si nous voulons déterminer les effets de la force électrique, nous rétablirons les éléments, nous les grouperons et nous verrons apparaître la force même que leur rapprochement développe; nous aurons ainsi procédé du particulier au général, c'est-à-dire par synthèse.

3° *Par analogie*, c'est-à-dire en concluant de la ressemblance des manifestations qui nous frappent ou qui nous ont frappés à l'identité des causes qui les ont produites. Qui ne connaît les effets du raisonnement par analogie venant inspirer à Newton le mouvement des corps célestes *analogue* à la chute d'une pierre? C'est, il faut bien le reconnaître, un mode de raisonner qui peut produire bien des erreurs, puisqu'il ne repose que sur les apparences des manifestations successives plus ou moins répétées qui ont pu toucher notre esprit; nous ne devons l'accepter qu'avec une grande réserve et sous le bénéfice des données de l'expérimentation.

4° *Par induction*, c'est-à-dire en concluant de l'apparition d'un fait ou d'un phénomène à sa permanence ou à sa reproduction; c'est un procédé de généralisation qui nous permet d'affirmer, après avoir vu bouillir l'eau à 100 degrés, que l'eau bout toujours à 100 degrés; et cet exemple montre qu'il

ne faut pas étendre les résultats dus au raisonnement par induction, puisque ce qui est vrai pour
l'eau ne serait pas vrai pour d'autres liquides.

5° *Par déduction*, c'est-à-dire en tirant d'un principe général les différentes idées particulières qu'il
peut contenir, sorte d'analyse d'un genre spécial.
Nous affirmons, par exemple, la liberté de l'homme
et nous en déduisons la responsabilité humaine et
la répression légale.

Notre esprit, qui redoute trop souvent les efforts,
accepte volontiers de raisonner par induction, géné-
ralisant et ne déduisant pas; il faut bien reconnaître
cependant que le raisonnement par déduction est
le mode le plus excellent dans la recherche et la
démonstration de la vérité.

6° *Par hypothèse,* c'est-à-dire en admettant pro-
visoirement, comme démontrée, une cause ou un
principe dont on ne peut pas encore prouver l'existence. L'hypothèse se différencie de l'induction et de
l'analogie en ce que l'analogie et l'induction supposent un fait ou un phénomène préalable qui nous
ont frappés, qui, par conséquent ont existé, tandis
que l'hypothèse repose sur une simple probabilité,
ce qui implique un travail démonstratif ultérieur.

§ 2.

Procédés particuliers du raisonnement.

Nous avons vu les principaux modes de raisonner; mais nous devons préciser la forme même que pourra prendre le raisonnement. Elle se rattache à différents procédés dont nous devons indiquer les plus importants.

1° *Le syllogisme,* argument composé de trois propositions, dont les deux premières ou prémisses démontrent la troisième ou conclusion.

1re prémisse, majeure : Tout corps est pesant.

2me prémisse, mineure : Or l'air est un corps.

Conclusion : Donc l'air est pesant.

Si l'on examine, par voie d'analyse, les éléments du syllogisme, on remarque qu'il rapproche une idée d'une autre au moyen d'une troisième, un principe d'un autre au moyen d'un troisième, une vérité d'une autre au moyen d'une troisième, le tout présentant le mode de raisonner par déduction. En effet, nous voulons établir, dans l'exemple que nous avons choisi, que l'air est pesant; nous rapprochons l'idée de l'air et du poids par une troisième idée, qui est celle de corps, et unissant cette troisième idée (corps), qui doit être le lien, à l'idée de poids nous disons d'abord : « Tout corps est pesant » ; puis, reprenant notre troisième idée (corps), nous affirmons que l'air est un corps, et nous rattachons ainsi l'idée de l'air à l'idée de corps. C'est ce qui nous permet de mettre en présence, par voie de rapprochement, dans la conclusion, l'air et la pesanteur, en disant que l'air est pesant. On a dit, d'une manière plus simple peut-être, que le syllogisme permettait de déterminer une conclusion entre deux idées par la comparaison qui se fait dans les prémisses avec une troisième idée.

Dans tout syllogisme, il faut se défier de la signification des mots qui est trop souvent variable, et il importe que l'idée qui sert de comparaison (appelée moyen terme) soit prise avec une signification identique dans les deux prémisses.

· Les deux propositions qui conduisent à la conclusion s'appellent prémisses; la première majeure, parce qu'elle contient le rapprochement du *grand* terme avec le *moyen* terme, c'est-à-dire avec celui qui doit servir d'élément de comparaison entre le *grand* terme et le *petit* terme; ia seconde *mineure*, parce qu'elle contient le rapprochement du *petit* terme avec le *moyen* terme, le moyen terme se comprenant du terme qui doit servir de moyen de comparaison ou d'intermédiaire entre le petit terme et le grand terme. Dans l'exemple que nous avons donné, le mot corps est le moyen terme, le mot pesant est le grand terme, le mot air est le petit terme.

Si nous voulions entrer dans les détails, nous pourrions citer comme dérivé du syllogisme *l'épi-*

chérème[1], syllogisme dans lequel, par le raisonnement, on ajoute à chaque prémisse sa preuve. Dans l'exemple que nous avons choisi, on démontrerait que tout corps est pesant; puis, après avoir indiqué que l'air est un corps, on le démontrerait; et ce ne serait qu'après *l'effort* de cette double preuve que l'on arriverait à la conclusion.

A côté de l'épichérème, nous pourrions indiquer *l'enthymème*[1], qui abrège et qui sous-entend une des prémisses restant dans l'esprit.

2° *Le dilemme.* — Cet argument n'est que la réunion de deux syllogismes, qui mettent en présence une alternative nécessaire pour arriver à une même conclusion.

Un maître pourrait dire à son serviteur, en présence d'un travail mal exécuté :

« *Ou* tu as fait ce travail *ou* tu ne l'as pas fait; si tu l'as fait, il est mal fait et tu as eu tort; si tu ne l'as pas fait, tu as encore tort.

La certitude. — La logique, qui nous fait connaître et les modes de raisonner et les procédés particuliers du raisonnement, doit nous permettre d'arriver à la *certitude :* la *certitude* est l'adhésion irrésistible de notre esprit à un fait ou à un phénomène. Le contraire de la *certitude* est le *doute*, qui se produit quand nous ne trouvons pas dans le raisonnement les motifs suffisants pour nous déterminer.

1. Épichérème, en grec, veut dire effort.
2. Enthymème, mot emprunté à la langue grecque, veut dire *restant dans l'esprit.*

La *certitude* se distingue de l'*évidence* en ce que celle-ci est une sorte de lumière instantanée et ne comporte pas les détails infinis du raisonnement. Nous ne trouvons pas de degrés dans la *certitude*, et c'est par abus de langage que l'on dit : « Je suis à moitié certain. »

La *certitude* peut se rapporter aux phénomènes du monde extérieur qui nous frappent par les sens ; alors elle s'appelle la *certitude physique*.

La certitude est *morale*, quand elle se réfère au domaine de la conscience. Elle est, enfin, *métaphysique* pour toutes les connaissances et sciences qui dérivent directement du raisonnement.

Faux raisonnements ou sophismes. — Nous avons précisé tout ce que la logique fournit pour découvrir ou démontrer *la vérité*; l'erreur est cependant possible, et, dans tous les ordres de sciences morales et physiques, elle se produit par les *faux raisonnements ou sophismes*. Les faux raisonnements ou sophismes sont le résultat de la mauvaise foi intentionnelle ou de l'erreur involontaire : ils dépendent le plus souvent d'une sorte de jeu dans la démonstration ou dans la discussion, que l'on peut ramener à un certain nombre de formes principales d'erreurs.

1° *L'ignorance du sujet.* — C'est le plus répandu des faux raisonnements. On ne précise pas la discussion, on paraît discuter ce qui n'est pas en question; on semble ignorer, en un mot, ce qui est le sujet même de la recherche ou de la démonstration ;

2° *L'abus de l'ambiguité des termes.* — Il est inutile de montrer combien d'erreurs peuvent être commises dans le raisonnement en abusant de l'ambiguïté des termes, en prenant, par exemple, un mot dans deux sens différents : dans le sens général, dans le sens particulier;

3° *La pétition de principes* donne pour preuves ou pour réponse la question elle-même;

4° *Le cercle vicieux* affirme la vérité d'un principe contesté, en tire une conclusion, puis se sert de cette conclusion pour justifier le principe contesté;

5° *Le dénombrement imparfait.* — Nous distinguons des séries de principes particuliers, mais non pas tous les principes particuliers, et nous formulons ensuite une conséquence générale, qui est erronée par ce fait même qu'on a dénombré imparfaitement les principes qui devaient concourir à la conclusion;

6° *L'erreur sur la cause.* — Dans l'ignorance où nous nous trouvons de la cause déterminante de certains phénomènes, nous n'hésitons pas à donner une même cause à tous les phénomènes identiques. Chez les anciens, on affirmait l'approche de grands événements par des présages tirés des phénomènes célestes; chez nous, les différentes phases de la lune sont quelquefois considérées comme la cause de modifications dans la température, parce que nous en ignorons les véritables causes;

7° *L'erreur de l'accident ou du relatif.* — D'un

7

fait accidentel, de ce qui est relativement vrai, on déduit des principes généraux et absolus.

Nous ne nous trouvons pas sans défense contre les faux raisonnements ou sophismes; soit qu'ils se produisent par le fait d'une mauvaise foi intentionnelle, soit qu'ils résultent seulement d'une erreur involontaire, nous pouvons ou les déjouer ou les éviter en multipliant les efforts de notre intelligence jusqu'à ce degré qu'on appelle l'attention.

§ 3.

Éléments pratiques du raisonnement.

Le langage. — Le langage comprend un ensemble de signes pour manifester extérieurement notre pensée.

Le langage est naturel, quand il consiste seulement dans le jeu du visage, les mouvements ou gestes du corps et enfin les sons inarticulés.

Le langage est conventionnel, quand il suppose une convention sur la combinaison des sons, des symboles[1] ou des figures pour exprimer une pensée.

C'est parce que le langage manifeste extérieurement la pensée qu'il devient un élément pratique du raisonnement qui précise ou groupe les pensées, et le raisonnement sera d'autant plus clair que le langage sera plus châtié.

1. Symbole. Les emblèmes et les hiéroglyphes constituent le langage symbolique.

La définition. — Les définitions constituent un élément pratique du raisonnement, assurément moins considérable dans ses applications que le langage, mais pouvant avoir une grande importance. Les bonnes définitions font les bons raisonnements, puisque la définition a pour but d'expliquer en une formule sommaire une chose, un principe, d'autres fois la limite précise d'une démonstration.

Les divisions et classifications. — Si la définition a pour but d'expliquer en une formule sommaire, une chose, un principe, les classifications nous aident à distinguer en catégories et classes tous les éléments ou idées partielles, qui ressortent directement de la compréhension générale de l'objet ou du sujet.

La logique appliquée à toutes les sciences. — *Les sciences exactes ou mathématiques* ont pour base la méthode démonstrative, qui emploie surtout la déduction, mais elles acceptent quelquefois l'hypothèse.

Les sciences physiques ou positives ont pour base la méthode d'observation ou d'expérimentation ; elles procèdent par analyse, par synthèse, par analogie et par induction.

Les sciences morales, suivant tout à la fois la méthode d'observation et la méthode démonstrative, se servent de tous les modes quelconques que la logique a déterminés. Ainsi l'histoire *analyse* les faits, les groupe par *synthèse,* après avoir recherché les causes vraisemblables en raisonnant par *analogie* et par *induction*, puis en *déduit* des règles de politique et de gouvernement. L'*hypothèse* seule ne paraît pas pouvoir servir à l'historien en présence de la réalité qui s'impose à lui ; cependant quand il veut rechercher les causes et les principes des événements, il est forcément amené à admettre comme démontré telle cause ou tel principe, dont il serait difficile de prouver l'existence réelle.

CHAPITRE IV.

Théodicée

Objet de l'étude de la théodicée. — La théodicée[1] comprend l'étude de l'existence de Dieu, de ses attributs et du principe de l'immortalité de l'âme.

§ 1er.

Existence de Dieu.

La science philosophique présente un grand nombre de preuves de l'existence de Dieu; elle les tire tout à la fois de l'ordre physique, de l'ordre moral, de l'ordre métaphysique, et c'est à dessein que nous passons successivement, de degré en degré, du domaine physique, qui nous frappe superficiellement, au domaine moral qui nous touche plus intimement, pour arriver enfin au domaine

1. Théodicée, expression composée de deux mots grecs (θεος-δίκη) justice de Dieu. La théodicée est ainsi appelée parce que l'un des attributs essentiels de la divinité est la justice.

métaphysique seul capable de pouvoir nous con-
vaincre au point de vue de la raison.

Preuves physiques de l'existence de Dieu. —
1° *Contingence*[1] *et existence de la matière.* — Quand
notre regard se porte autour de nous, et quand
nous considérons l'ensemble de ce qui existe au
point de vue de la matière, nous sommes frappés
immédiatement que, tout étant contingent dans la
matière et, par conséquent, pouvant ne pas être,
l'existence de la matière suppose une puissance
créatrice qui sera Dieu.

2° *Mouvement de la matière.* — Quand, après
avoir considéré l'ensemble, nous nous arrêtons à la
manifestation la plus importante de tout ce qui nous
entoure, nous voyons le mouvement même de la
matière, ce qui suppose un premier moteur qui sera
Dieu.

3° *Ordre de l'univers.* — Quand enfin nous examinons plus en détails non plus la matière, non
plus le mouvement de la matière en général, mais
l'ensemble de l'univers, nous constatons l'ordre
parfait qui apparaît partout. L'ordre suppose une
force intelligente capable de le déterminer; cette
force intelligente sera Dieu.

Preuves morales de l'existence de Dieu. — 1° *Besoin
de la croyance en Dieu.* — L'homme veut se rattacher
à un Être supérieur qu'il invoque dans l'adversité
ou dans le bonheur; c'est un besoin pour lui de

---

1. Le contingent est tout ce qui pouvait ne pas être.

croire à un Être suprême, et l'on peut conclure de ce phénomène à la certitude que Dieu existe.

2° *Le consentement unanime des peuples.* — L'examen des philosophes anciens et des modernes, comme aussi l'examen de l'histoire du monde, montre qu'à tous les temps et à toutes les époques on a reconnu généralement l'existence de Dieu; et, dit-on, un semblable accord ne se produirait pas, si la pensée n'en venait d'un Être suprême qui est Dieu.

Preuves métaphysiques de l'existence de Dieu. — Nous distinguerons deux preuves métaphysiques de l'existence de Dieu. Elles n'empruntent rien ni aux manifestations du monde extérieur ni aux inspirations de l'âme; elles reposent sur le seul raisonnement.

1° *Nécessité d'un premier Être.* — Le monde-matière existe, le néant ne peut produire, d'où la nécessité d'un premier Être, *Être nécessaire* qui a déterminé l'existence du monde-matière.

2° *Notion de l'infini.* — Nous avons la notion de l'infini, la notion du parfait, et cependant notre intelligence est finie et imparfaite. Si nous n'admettions pas l'existence d'un infini supérieur qui nous inspire la notion de l'Infini et de l'Être parfait, ce serait notre nature finie et imparfaite qui aurait pu concevoir l'Infini, l'Être parfait, ce qui n'est pas possible. Donc la notion que nous avons de l'Infini ou de l'Être parfait implique l'existence de cet Infini et de cet Être parfait.

§ 2.

Attributs de Dieu.

L'attribut est ce qui est propre ou particulier à une personne ou à une chose. Les attributs de Dieu sont donc les qualités qui sont l'essence de la nature divine ; ils participent tous d'un même principe qui est *l'Infini* ; c'est ainsi que nous noterons : l'Infinie puissance, l'Infinie intelligence, l'Infinie bonté, l'Infinie justice ; l'Infini dans l'espace, c'est-à-dire l'immensité ; l'Infini dans le temps, c'est-à-dire l'éternité, et Dieu apparaît ainsi ayant pour attributs d'être infiniment puissant, infiniment intelligent, infiniment bon, infiniment juste, immense et éternel.

La Providence. — On appelle divine Providence Dieu créant et entretenant l'univers par un fait tout-puissant d'infinie bonté, d'infinie puissance et d'infinie intelligence.

Objections du mal moral et du mal physique. — Ici nous devons aborder une objection qui s'est présentée naturellement à l'esprit. Nous venons de parler de l'infinie puissance, de l'infinie intelligence, de l'infinie justice de Dieu ; nous venons de parler de la Providence, et nous nous trouvons cependant en présence du *mal physique*, nous voulons dire les maladies et la mort ; nous nous trouvons cependant en présence du *mal moral*, nous voulons dire toutes

les faiblesses, tous les désordres de notre nature
morale. Si Dieu est l'Être infini, souverainement
puissant et souverainement intelligent, si la Providence a pourvu à tout dans la création du monde
et pourvoit encore à tout dans l'entretien de son
immense harmonie, comment comprendre et le mal
physique et le mal moral? L'existence du mal physique, l'existence du mal moral, n'est-ce pas la négation même des attributs infinis de la divinité? n'est-ce
pas la négation de la divinité elle-même? Si Dieu
existe avec ses attributs infinis, il ne peut admettre
ni le principe du mal physique ni le principe du mal
moral. Telle est l'objection dans sa formule la plus
simple.

En ce qui touche le mal physique, les réponses
se sont présentées nombreuses: on a dit qu'on ne
pouvait pénétrer le mystère de la création ni la
cause finale de chaque chose, que le mal physique
pouvait être une épreuve bienfaisante pour celui qui
avait à la subir; plus exactement à notre avis, on a
ajouté que, si l'homme ne connaissait pas la douleur
physique, il ne saurait avoir conscience des pré-
cautions à prendre pour sa conservation; plus justement encore, il nous semble trouver dans la nature
même de notre être la raison du mal physique; nous
sommes, au point de vue physique, composés de la
matière avec toutes les imperfections inhérentes à
la matière, qui, si elle était parfaite, se confondrait
avec la divinité.

En ce qui touche le mal moral, une seule réponse

suffit : Dieu a fait l'homme libre, Dieu devait permettre le mal moral, puisque les faiblesses et les
désordres de notre nature morale viennent affirmer
notre liberté par l'abus même que nous pouvons en
faire. Dieu devait laisser apparaître une sorte d'iné-
galité dans les situations humaines, et ne pas toujours attacher la récompense au bien et le châtiment au mal, puisque la liberté humaine se serait
trouvée ainsi amoindrie par l'intérêt d'une récompense ou par la crainte d'un châtiment.

Morale religieuse. — *Devoirs envers Dieu.*

Les devoirs envers Dieu se rattachent aux sentiments d'obéissance et de respect qu'inspire l'infinie puissance, aux sentiments d'amour et de reconnaissance qu'inspire la Providence.

§ 3.

L'immortalité de l'âme.

Le principe de l'immortalité de l'âme est, comme
nous allons le voir, une conséquence directe de la
reconnaissance de l'existence d'un Dieu avec ses
attributs infinis, et c'est à ce titre qu'il se rattache
à l'étude de la théodicée.

Preuves de l'immortalité de l'âme[1]. — 1° *Immaté-*

1. « L'immortalité de l'âme est une chose qui nous importe
si fort, qui nous touche si profondément, qu'il faut avoir
perdu tout sentiment pour être dans l'indifférence de savoir

rialité de l'âme. — L'âme est immatérielle; la mort n'étant que la décomposition des différentes parties de la matière, l'âme ne peut mourir.

2° *Désir de l'immortalité.* — L'homme a le désir de se continuer dans ses œuvres terrestres; l'homme a le sentiment de l'immortalité de l'âme; c'est un désir inné qui vient de Dieu et qui affirme par là même l'immortalité de l'âme.

3° *La justice infinie de Dieu.* — Nous avons vu que la liberté humaine disparaîtrait, pour ainsi dire, ou tout au moins serait amoindrie, si une récompense ou un châtiment devait immédiatement et inévitablement suivre le fait accompli. La pratique du bien deviendrait alors un calcul et l'homme cesserait d'être absolument libre; mais comme la justice de Dieu est infinie, il faut qu'elle s'exerce nécessairement, et que par suite elle distribue dans une autre vie les peines pour le vice et les récompenses pour la vertu suivant que nous aurons démérité ou mérité. L'âme est donc immortelle.

ce qui en est. Toutes nos actions et nos pensées doivent prendre des routes si différentes, selon qu'il y aura des biens éternels à espérer ou non, qu'il est impossible de faire une démarche avec sens et jugement, qu'en la réglant par la vue de ce point, qui doit être notre dernier objet. » (*Pensées*, chap. 1er, Pascal).

§ 4.

Questions diverses.

Religions. — Le mot *religion* désigne l'ensemble des principes particuliers qui *relient* l'homme à Dieu, et le culte comporte les différentes manifestations de ces principes.

Les religions admettent toutes l'existence d'un Dieu, être suprême, et c'est à ce point qu'elles se rattachent à la théodicée. Sans vouloir rechercher si elles sont un dérivé de l'idée philosophique, ou si elles peuvent se rattacher toutes plus ou moins au système de la révélation[1] continuée par la tradition (transmission d'âge en âge), nous constaterons seulement qu'elles diffèrent et dans leurs principes et dans leurs manifestations.

Au point de vue de l'abstraction philosophique, elles resteront toujours comme un procédé puissant pour vulgariser les règles de la morale pratique dans les masses de chaque nation ; ainsi pensait Monthyon[2] quand il écrivait : « La religion est la morale de la plupart des hommes. » C'est à ce titre que les religions se rattachent généralement d'une manière étroite aux mœurs et au caractère de

---

1. *Révélation*, c'est la connaissance que Dieu donne à l'homme, soit directement, soit par simple inspiration des vérités qui doivent servir de base à une religion.

2. Monthyon (1773 1820). *Mémoire au roi*, mars 1796.

chaque peuple. Les principales religions sont : le bouddhisme et ses différentes sectes, plus de 400 millions de sectateurs ; le christianisme, 350 millions ; l'islamisme, 300 millions ; le judaïsme, 6 millions.

LIBRE PENSÉE.

Panthéisme — Athéisme — Déisme. — Il est indispensable de préciser exactement ce qu'à l'époque actuelle on appelle la *Libre pensée*. La formule suppose un dégagement absolu de tout principe supérieur et préexistant ; l'interprétation pratique de la formule le suppose encore plus et cependant, quand on veut examiner, on peut distinguer en la libre pensée deux systèmes bien nets : c'est le panthéisme, c'est l'athéisme.

Le panthéisme[1] proclame que Dieu est tout, tout est lui. Cette doctrine, empruntée à certaines parties des livres les plus anciens de la religion hindoue, aux Védas et au code de Manou, a trouvé dans les temps modernes un propagateur ardent dans la personne de Spinoza[2] : la substance est l'être absolu, unique, infini, avec des attributs infinis ; puisque la substance est unique et infinie, puisqu'elle forme un tout immense, sorte d'unité dans laquelle chaque personnalité humaine disparaît

1. *Panthéisme*, expression composée de deux mots grecs παν, tout et θεός, Dieu.
2. Spinoza, né Amsterdam 1632, mort en 1677. *L'Éthique*, traité spécial du philosophe panthéiste.

avec la volonté et la responsabilité qui pouvaient
lui être propres, la pensée n'est plus qu'un des attributs de la substance.

Remarquons que le panthéisme n'est pas la négation de Dieu, mais que, comme l'indique le mot
lui-même, c'est l'extension de la divinité dans la
substance infinie.

L'athéisme, au contraire, est la négation absolue
de la divinité; ce système n'apparaît qu'à titre d'indication chez les philosophes de l'antiquité. Platon
voulait que les athées fussent chassés de la Répu-
blique, peut-être même condamnés à mort. Les philosophes de Rome ne parlent pas de l'athéisme; il
apparaît au xvie et au xviie siècles poursuivi de
toutes les rigueurs du fanatisme: la législation
grecque s'était montrée moins sévère que Platon, et
le disciple de Socrate avait émis des principes qui
ne furent jamais appliqués; au xviie siècle sous le
vain prétexte de sécurité publique, de sûreté d'État,
on ne craignit pas de brûler les athées[1]. L'athéisme
s'affirme nettement et pratiquement au xviiie siècle
avec d'Holbach[2] et plus tard avec Lalande[3].

1. Vanini, philosophe italien (1584-1619), fut brûlé vif à
Toulouse pour avoir écrit *quatre livres sur les secrets admi-
rables de la nature reine et déesse des mortels.*

2. D'Holbach, allemand naturalisé français, né à Hei-
delheim (Bade), en 1723, mort en 1789. — *Système de la
nature ou les lois du monde physique et moral; — Système
social ou principes naturels de la morale et de la politique;
— la Morale universelle ou les devoirs de l'homme fondés sur
la nature.*

3. Lalande (1732-1807), célèbre astronome français.

Tout le système se résume dans la négation de la divinité, et par suite, ne nécessite pas une analyse doctrinale détaillée.

Le déisme, sorte de religion naturelle, reconnait l'existence de Dieu et l'immortalité de l'âme, mais repousse toute révélation, ce qui l'a fait confondre souvent à tort avec l'athéisme.

APPENDICE

Principales questions posées à Paris aux examens pour l'obtention du *Brevet supérieur* de l'enseignement primaire. (A la suite de chaque question un numéro indiquera la page des *Éléments généraux de morale dans la philosophie* que le lecteur devra consulter pour trouver l'indication de la solution de la question. La lettre P. indique que la question a trait à la psychologie, la lettre M. à la morale, la lettre L. à la logique, la lettre T. à la théodicée).

ANNÉE 1886

Définition de la morale, M. 29. — Qu'est-ce que les mœurs? M. 29. — Y a-t-il une science de la morale? M. 33. — Qu'est-ce que le devoir? M. 30, 31. — Qu'est-ce que le droit? M. 77. — N'avons-nous de devoirs que vis-à-vis des autres, n'en avons-nous pas vis-à-vis de nous? M. 44. — Qu'entendez-vous par l'éducation? M. 65. — Différence entre l'instruction et l'éducation, M. 65. — Que savez-vous des institutions de la France en ce qui regarde l'éducation? M. 64, 65. — D'où vient le mot morale -- mœurs? M. 29. — Quelle est la limite de l'égoïsme? M. 38. — Faites connaître la double nature du corps et de l'âme, P. 24, 25, 26, 27. — L'âme est-elle multiple? P. 24. — Quelles en sont les facultés principales? P. 11. — Y a-t-il une distinction à établir dans la volonté? P. 18. — Quels sont les devoirs civils? M. 55 à 64. — Quel est le premier devoir? M. 62-63. — Qu'est-ce que le raisonnement? P. 15, 16. — Quelle est la faculté qui nous fait raisonner? P. 14, 15. — Par quoi arrive-t-on à connaître la vérité? P. 14. — Les vérités ont-elles besoin d'être démontrées? P. 14. — Comment s'appellent celles qui n'ont pas besoin d'être démontrées? P. 14. — Y a-t-il plusieurs manières d'arriver à une

8

vérité nouvelle? P. 14. — Qu'est-ce que le syllogisme? L. 89,
90; — Qu'est-ce que l'induction? L. 87, 88. — Qu'est-ce que
la déduction? L. 88. — Montrez qu'un syllogisme est une
déduction? L. 89. — De quoi se compose un syllogisme? L.
89, 90. — Pourquoi le nom de majeure et de mineure? L. 90.
— Quels sont les devoirs des enfants envers les parents? M.
51, 52. — Pourquoi un enfant doit-il obéissance, respect,
amour à ses parents? M. 51, 52. — Quelle est la base de la
morale? M. 31. — Quel est son objet? M. 29. — Qu'est-ce
que la loi du devoir? M. 30, 31. — Quels sont les principaux mobiles des actions? M. 37, 38, 39, 40. — Qui nous
indique le bien? M. 32 à 37. — Qu'est-ce que la liberté?
P. 20 à 24. — N'y a-t-il pas eu des philosophes qui ont nié la
liberté? P. 22. — Quel est l'opposé de la liberté philosophique? qu'est-ce que la fatalité? P. 22. — Quelle religion
admet la fatalité? P. 22. — Quelles sont les conséquences de
la liberté? P. 22. — Quelles sont les conséquences de la fatalité? P. 22. — Que résulte-t-il de la fatalité au point de
vue moral? P. 22. — Qu'est-ce que le mérite et le démérite?
M. 40 à 43. — Qu'est-ce que l'instinct? P. 19. — Qu'entendez-
vous par l'homme est un animal raisonnable? P. 6. — Comment faut-il faire pour réformer les instincts des enfants?
P. 19. — Qu'est-ce que l'habitude? P. 19, 20. — Qu'est-ce que
la conscience? P. 15, M. 32, 33. — Quelle différence entre la
morale et la discipline? M. 29. — L'éducation peut-elle exister
sans la morale? M. 65. — Qu'est-ce que la sensibilité? P. 12, 13.
— Qu'est-ce que la volonté? P. 18, 19, 20. — Qu'est-ce que
l'intelligence? P. 13, 14. — Qu'est-ce que la vertu? M. 33. —
Qu'est-ce que le vice? M. 33. — Combien y a-t-il d'espèces de
libertés? P. 21. — Avez-vous en réalité toute votre liberté
morale? P. 21. — Au point de vue social, jouissons-nous de
toute notre liberté? P. 21. — Quelle différence y a-t-il entre les
institutions de charité et les institutions de prévoyance? M. 75.
Citez-moi quelques institutions de charité. — Citez-moi quelques institutions de prévoyance, M. 75. — Qu'est-ce que la
morale, ne divise-t-on pas cette science en deux grandes parties? M. 29, 30. — Qu'entendez-vous par morale théorique?
Qu'entendez-vous par morale pratique? M. 30. — Que savez-
vous sur les devoirs que nous avons à remplir d'après la loi
morale? M. 44. — Et les devoirs envers la nature, qu'en dites-
vous? M. 49, 50. — Parlez des devoirs envers la famille? M. 51.
— L'autorité paternelle, M. 52, 53. — Qu'entendez-vous par
l'éducation? M. 65 — Quelles qualités doit réunir l'éduca-

M. 30, 31. — Quel est le corrélatif du devoir; avez-vous des droits? M. 77. — Que nous enseigne la morale? M. 29. — Quel caractère devez-vous vous efforcer de donner à votre enseignement? M. 65, 66. — Qu'est-ce que la responsabilité? P. 22. — Quelle est la relation qui existe entre le droit et le devoir? M. 77. — Avez-vous plusieurs sortes de devoirs? M. 43, 44. — Quel est le caractère essentiel du devoir? M. 31. — Avez-vous des devoirs vis-à-vis de vous-même; quels sont-ils? M. 44 à 48. — Avez-vous des devoirs envers votre pays? M. 61 à 63. — Comment appelez-vous le lien qui vous unit de cœur et d'âme à la patrie? M. 62. — Devez-vous chercher à développer le patriotisme chez vos élèves; comment? M. 62. — Qu'est-ce qui distingue la nature humaine de l'animal? P. 5, 6. — Qu'est-ce qui caractérise particulièrement l'homme? P. 6. — Comment l'homme agit-il? P. 19. — Qu'est-ce que l'instinct? P. 19. — L'homme possède-t-il des instincts? P. 19. — L'action instinctive est-elle libre? P. 19. — Quelle différence y a-t-il entre la déduction et l'induction? L. 87, 88. — Pouvez-vous me donner un exemple de déduction? L. 88. — Que pensez-vous de l'induction? L. 87. — Connaissez-vous des sciences qui soient particulièrement inductives et d'autres qui soient particulièrement déductives? L. 95. — L'arithmétique est-elle une science déductive ou inductive? L. 95. — Les sciences d'observation sont-elles déductives ou inductives? L. 95. — La physique est-elle une science déductive? L. 95. — Quelle différence faites-vous entre les idées concrètes et les idées abstraites? P. 10. — Dans la grammaire, voyez-vous quelque chose d'analogue? P. 10. — Combien y a-t-il d'espèces de morale? M. 29, 30. — Qu'entend-on en morale par l'intérêt? M. 38. — Qu'appelez-vous morale civique? M. 55 à 64. — Ne connaissez-vous pas d'autre morale? M. 44, 48, 50. — Comment appelez-vous la morale qui nous indique les devoirs envers les autres? M. 50. — Quel devoir avez-vous envers vous-même? M. 44. — Par rapport au corps quels sont les devoirs de l'homme? M. 45. — Sur quelle idée repose la morale? M. 29. — Combien y a-t-il de facultés de l'âme? P. 11, 12, 13. — Voulez-vous me donner quelques détails sur la façon dont vous entendez le rôle de l'éducateur? M. 54 à 67. — Quels sont les devoirs de l'homme envers la société? M. 50. — Quels sont les devoirs des parents envers leurs enfants? M. 52, 53. — Quels sont les devoirs des enfants envers leurs parents? M. 51, 52. — L'homme a-t-il des devoirs envers la société; pouvez-vous me citer quelques-uns de ces

devoirs? M. 50 à 64. — La femme a-t-elle des devoirs envers
la société; quels sont-ils? M. 83. — Quels sont les devoirs de
la femme par rapport aux enfants? M. 83. — Envers qui avons-
nous des devoirs? M. 44. — Qu'est-ce que la famille? M. 51.
— Le devoir de faire instruire ses enfants est-il moins strict
que celui de les nourrir? M. 52, 53. — En quoi consiste la prévoyance? M. 75. — Quels sont les devoirs des frères et sœurs
entre eux? M. 53. — Quels sont les devoirs envers la patrie?
M. 61 à 64. — Les femmes ont-elles des devoirs envers la patrie? M. 83. — Quels sont les devoirs de l'instituteur? M. 64
à 67. — Quels sont les principaux devoirs; comment peut-on
les diviser? M. 44. — Quels sont nos devoirs envers nos semblables? M. 50. — Quelle différence faites-vous entre la charité et la justice? M. 68, 77, 78. — Quel est le caractère du
devoir? M. 40. — Quelles sont les sanctions de la loi morale? M. 40, 41, 42. — Ces sanctions ont-elles une valeur
égale? M. 42. — Quels sont les devoirs d'un citoyen dans un
état libre? M. 57 à 64. — Qu'est-ce que l'État? M. 56. —
Quelles sont les obligations envers l'État? M. 57. — Quels sont
les devoirs professionnels de l'instituteur? M. 64 à 67. —
Quelle est la mission de l'instituteur? M. 64, 65. — Sur quoi
est basée la charité? M. 68, 74. — Qu'est-ce que le discernement ou distinction du bien ou du mal? M. 33 à 37. — Le discernement instinctif (inné) du bien et du mal se développe-
t-il par l'éducation? M. 37. — Qu'est-ce que le raisonnement?
P. 15 et 16. — De quoi se compose tout raisonnement? P. 15, 16;
L. 89 à 94. — A quoi ces deux jugements doivent-ils aboutir?
L. 89 à 94. — Sous quel nom réunit-on les deux premières
parties ou propositions du raisonnement? L. 89. — Qu'est-ce
que le dilemme? L. 91. — De quoi s'occupe-t-on d'abord dans
la morale? M. 31. — On traite d'abord du devoir et ensuite
des devoirs; expliquez-moi la valeur du pluriel succédant à
ce singulier? M. 1, 43. — Quand le professeur traite du devoir,
qu'établit-il? M. 31. — Quand il traite des devoirs, que dit-il?
M. 43. — Quel nom donne-t-on à cette première partie de la
morale? M. 30. — On appelle quelquefois la première partie
de la morale, morale spéculative; expliquez-moi le sens de
cette appellation? M. 30. — En quoi la liberté physique diffère-
t-elle de la liberté morale? P. 21. — Quel est le trait qui caractérise (caractère propre) la liberté morale? P. 21. — A-t-on
quelquefois nié le libre arbitre? P. 22. — Quels sont les trois
motifs d'action? M. 37 à 40. — Quel est celui auquel nous devons obéir de préférence? M. 40. — Qu'est-ce que l'intérêt?

M. 38. — Dans quel sens l'intérêt est-il opposé au devoir?
M. 38. — Dans l'action de faire l'aumône, montrez-nous comment l'intérêt se trouve opposé au devoir? M. 39. — L'éducation peut-elle exister sans la morale? M. 65. — Le libre arbitre ne s'exerce-t-il qu'au point de vue moral? P. 20. — Quel est le rôle du corps dans ses relations avec l'âme? M. 45, 46. — On a donné, comme sujet de composition française dans un examen, cette question : Développez ces deux pensées: « Ne fais pas à autrui ce que tu ne voudrais pas qu'on te fît, fais à autrui ce que tu voudrais qu'il te fît ». A quelle espèce de devoirs se rapportent ces deux maximes? M. 50. — Quel est le caractère essentiel du devoir? M. 40. — Quand il devrait en résulter pour votre vie ou votre fortune un dommage quelconque, êtes-vous obligé de faire votre devoir? M. 40. — Quel est le principe du devoir? M. 31. — N'arrive-t-il pas un cas où la loi écrite est plus sévère que la loi morale? M. 71, 72. — Montrez comment la loi écrite peut être tirée de la loi morale? M. 34. — Quelles sont les principales facultés de l'intelligence (nous n'avons pas admis la doctrine des sous-facultés dans la faculté de l'intelligence et la question devrait être formulée)? — Quelles sont les différentes formes suivant lesquelles se manifeste le fonctionnement de la faculté intellectuelle? P. 13 à 18. — Qu'est-ce que le jugement? P. 15. — Quelle est la forme du jugement en grammaire? P. 15. — Que faut-il frapper dans l'enfant pour arriver à son esprit? P. 16. — Que répondriez-vous à cette objection : les gens qui font le bien ne sont pas toujours récompensés? T. 103. — Quelles sont les conditions de la responsabilité? P. 22. — Quelles sont les limites de la liberté? P. 20, 21. — Peut-on dire que la base de la morale doit être l'intérêt personnel? M 40. — Parlez un peu de la dignité personnelle? M. 47. — Sur quel principe repose-t-elle? M. 47. — Qu'y a-t-il à côté du droit; parlez de la relation du droit et du devoir? M. 77. — Que direz-vous à vos élèves au sujet de la vie future et de Dieu? T. 102, 103, 98, 99. — Indiquer les devoirs des hommes entre eux, M. 50. — Ils peuvent se résumer en deux maximes; les connaissez-vous? M. 31. — Comment peut-on diviser les devoirs envers nos semblables? M. 50. — Y a-t-il des institutions qui préservent la vie humaine? M. 69. — Comment appelle-t-on tout attentat contre la vie humaine? M. 69. — Quelle différence y a-t-il entre l'homicide et l'assassinat? M. 69. — Qu'appelle-t-on parricide, infanticide? M. 69. — Est-il quelquefois permis de tuer? M. 69 à 73. — Quels sont nos devoirs vis-à-vis des biens d'autrui? M. 78 à 83. — Quels

sont les biens que peuvent avoir les hommes? M. 78. — Sur
quoi repose le droit de propriété? M. 78 à 81. — Parlez-nous
de l'épargne au point de vue du droit de propriété? M. 79. —
En quoi consiste-t-elle? M. 79. — Qu'est-ce que la caisse
d'épargne; l'origine de l'institution de la caisse d'épargne est-
elle française; à quelle époque la caisse d'épargne a-t-elle été
fondée? M. 79, 80. — Qu'est-ce que la caisse des retraites pour
la vieillesse? M. 75. — Quelle différence entre la liberté civile
et la liberté morale? P. 21. — Que résulterait-il de la privation
de la liberté morale? P. 22. — A quoi ai-je droit si je fais
le bien? T. 102, 103. — Etes-vous libre de faire ce que vous
voulez dans la société? P. 21. — Qu'est ce que la sanction
d'une loi? M. 41, 42. — De quoi s'occupe la morale théorique?
M. 30. — Envers qui avons-nous des devoirs à remplir? M. 44.
— Qu'est-ce que l'âme? P. 5. — Le corps est-il utile à l'âme?
M. 45, 46. — Le mot loi est-il bien facile à définir? je parle du
mot loi en général; M. 31. — Qu'est-ce que la loi physique,
par exemple, la loi de la chute des corps? M. 31. — Qu'est-ce
que la loi morale; citez-en les principes? M. 31. — Les êtres
soumis à la loi morale y sont-ils soumis d'une manière fatale?
P. 22, 23. — Quelle est la force qui nous soumet à la loi morale; quelle différence y a-t-il entre l'obligation et la contrainte? M. 31. — L'homme n'a-t-il des devoirs en tant qu'être
social? M. 44, 55 à 82. — Que comprennent les devoirs envers
la famille? M. 50 à 55. — Faites-moi la table des chapitres d'un
cours de morale familiale (*Voir au tableau synoptique*) ; Parlez-
moi de la moralité du travail? M. 78, 79, 80. — N'y a-t-il pas
un fait moral dans cette circonstance qu'il met l'homme à
même de pourvoir à ses besoins? M. 80. — Si vous n'avez pas
nécessité de vous livrer au travail pour subvenir à vos besoins,
devez-vous cependant travailler; quel est le proverbe à citer
ici? M. 80. — Développez-moi cette question que l'homme est
né pour vivre en société; considérez l'homme au point de vue
physique, moral, intellectuel; un petit enfant qui vient au
monde a-t-il besoin qu'on prenne soin de lui; l'homme
a-t-il des besoins intellectuels; l'homme a-t-il besoin d'affection? M. 50, 51. — Quel est l'effet du repentir? M. 32.
— Parlez-nous de la médisance et de la calomnie; M. 82.
— Développez cette maxime : « le bien d'autrui tu ne pren-
dras pas. » M. 78. — L'homme a-t-il le droit de posséder;
de quelle façon l'homme arrive-t-il à être propriétaire?
M. 79, 80. — Supposez qu'un homme ne respecte pas la propriété de son voisin, qu'arrivera-t-il? M. 81. — Qu'est-ce que

le pardon? M. 68. — Savez-vous ce que répondit un philosophe auquel on demandait la meilleure manière de se défaire
de ses ennemis (c'est de s'en faire des amis)? M. 68. — Que
pensez-vous de cette observation de Mme de Maintenon : Il est
bon quelquefois de laisser les enfants faire ce qu'ils veulent
afin de juger de leurs penchants? M. 66. — Quels sont les
devoirs de charité et que veut dire ce mot? M. 68 à 77. —
Qu'est-ce que le budget; le mot est-il français; à quel minis-
tère faut-il en faire remonter l'origine? M. 56, 57. — Combien
comptez-vous de sortes d'impôts? M. 61.

ANNÉE 1888

La morale est-elle une science? M. 33. — Quelle différence
de méthode y a-t-il entre cette science et les autres? L. 95.
— Quel est le caractère propre de la morale (*fixer les règles
qui serviront de guides dans l'emploi des facultés*)? M. 29. —
La vertu peut-elle être enseignée? M. 33. — Comment divise-
t-on la morale? M. 30. — Qu'est-ce que le devoir pris dans son
sens général? M. 31. — Qu'est-ce que les devoirs? M. 43. —
Sait-on toujours ce qui est bien et ce qui est mal, c'est-à-dire
soit le principe du devoir que l'on a à remplir envers la société
ou envers soi-même? M. 36, 37. — Comment divise-t-on les
devoirs? M. 33, 43. — Quelle est la relation qui peut exister
entre la charité et l'aumône? M. 75. — Qu'est-ce que l'amour
ou charité considéré comme devoir de l'homme envers
l'homme? M. 68. — Qu'est-ce que la charité prise dans un
autre sens? M. 75. — Quels sont les devoirs qui dérivent de
l'amour ou charité? M. 69, 74, 75. — Qu'est-ce que l'instruction ? M. 65. — Donnez la définition de l'éducation et établis-
sez la différence qui existe entre l'instruction et l'éducation?
M. 65. — Quels sont les devoirs du père de famille envers ses
enfants pour le corps et pour l'esprit? M. 52, 53. — N'y a-t-il
pas d'autres personnes qui remplacent les parents auprès des
enfants? M. 53, 66. — Quels sont les devoirs des enfants
envers leurs parents, soit dans l'enfance, soit lorsqu'ils sont
hommes à leur tour? M. 51, 52. — Quels sont les devoirs de
l'homme envers la patrie? M. 62 à 64. — Quels sont les devoirs
de l'homme envers l'État? M. 57 à 61. — Quels sont les devoirs
de l'homme envers ses semblables? M. 67 à 83. — Quels sont
les devoirs de l'homme envers lui-même? M. 44. — Comment
divisez-vous les devoirs de l'homme envers la famille? M. 51.

-- Que doivent les enfants à leurs parents? M. 51, 52. --
L'homme n'a-t-il pas aussi des devoirs à remplir envers ses
serviteurs? M. 54. — Que pensez-vous de la reconnaissance?
M. 68. — Que pensez-vous de l'exemple en matière d'éducation? M. 66. — Qu'est-ce que la société ou l'humanité? M. 50
à 67. — Qu'est-ce que le respect de la parole donnée? M. 81.
— Parlez-nous de la loi morale rapprochée de la loi écrite?
M. 34. — La loi morale est-elle immuable? M. 34. — Qu'est-ce
que le devoir positif et qu'est-ce que le devoir négatif? M. 33.
-- Dans quel précepte sont renfermés les devoirs positifs?
M. 32, 33. — Qu'est-ce que la vertu? M. 33. — Qu'entendez-
vous par ces mots mérite et démérite? M. 40, 41. — Si la vertu
mérite, elle appelle une récompense; si le vice démérite, il
appelle une peine; il existe donc une relation nécessaire entre
ces deux termes : vertu et récompense, vice et peine; M. 33,
43; T. 102, 103. — Qu'entend-on par les devoirs de justice et
de charité? M. 77 à 82 et 68 à 77. — Expliquez la différence
entre la justice et la charité? M. 77, 68. — Croyez-vous que
les devoirs d'assistance n'aient aucun caractère d'obligation?
M. 74, 44. — Donnez des exemples de devoirs de justice et de
charité? M. 69, 73, 74, 75, 76. — Quel est le devoir de charité
qui correspond à ce devoir de justice : respecter la propriété
d'autrui? M. 69. — N'y a-t-il aucune obligation de secourir
son prochain? M. 74, 44. — Existe-t-il une différence au point
de vue de l'obligation entre ces deux devoirs : respecter la
vie de son semblable, respecter la propriété? M. 44. — Qu'arrive-t-il à celui qui attente à la propriété d'autrui? M. 81. —
Y a-t-il une autorité qui puisse nous obliger à puiser dans
notre bourse pour venir en aide aux pauvres? M. 74. — Quelle
est la partie de la morale sur laquelle on s'étend le plus; est-
ce surtout celle qui traite de la justice ou celle qui traite de
la charité? M. 68. — Quel est le premier des devoirs de charité? M. 69. — Y a-t-il des exceptions à cette loi qui oblige
au respect de la vie humaine? M. 69 à 73. — Parlez du cas de
légitime défense; M. 70. — Est-il toujours facile de discerner
si l'on se trouve en droit de légitime défense; quand notre
propriété est menacée, avons-nous le droit de prendre la vie
de l'agresseur? M. 70. — En justice, ce droit est-il reconnu;
comment expliquerez-vous cette indulgence de la justice
pour celui qui défend sa propriété à main armée? M. 70. —
Appliquez le principe de la légitime défense à la question de
peine de mort? M. 71, 72. — Est-ce la société qui use du droit
de légitime défense et ce droit existe t il réellement pour la

société comme il existe pour l'individu ? M. 71, 72. — Quels
sont les arguments qu'on fait valoir contre la peine de mort?
M. 71, 72. — Quel doit être le caractère de la peine au point
de vue moral? M. 72. — Quel est le devoir de charité qui vient
après le premier devoir dont nous avons parlé? M. 73. —
Combien y a-t-il de sortes de libertés? P. 21.— Y a-t-il des man-
quements possibles à la liberté dans les relations de l'ouvrier
et du patron ; l'ouvrier peut-il manquer au devoir de respecter la liberté d'autrui dans ses relations avec son patron ;
quelle est la limite du droit de grève ? M. 74. — Qu'est-ce que la
morale? M. 29. — Comment classez-vous les devoirs? M. 33, 43.
— N'y a-t-il pas d'autres devoirs que les devoirs personnels
et les devoirs sociaux? M. 44. — Quels sont les devoirs particuliers des enfants? M. 51, 52, 67. — Quels sont les devoirs
personnels? M. 44. — Existe-t-il une division à établir dans les
devoirs de l'homme envers l'homme? M. 67 à 83. — Le devoir
conseille-t-il seulement? M. 31. — Comment peut-on pratiquer
le devoir de la justice? M. 77 à 83. — Quelles sont les facultés
de l'âme? P. 11. — Pourquoi l'étude de la psychologie précède-
t-elle nécessairement l'étude de la morale? P. 5, 6. — Dans la
partie de la psychologie qui traite de la volonté, que dit-on?
P. 18 à 20. — L'existence de la liberté a-t-elle besoin d'être
prouvée? P. 20 à 24. — Est-il nécessaire d'établir l'existence
de la liberté avant de parler de morale? P. 5; M. 29. —
Quels sont les différents sens du mot conscience ? P. 6; M. 32.
— Si je dis que vous n'avez pas eu conscience de la faute que
vous commettiez en écrivant un mot pour un autre, qu'est-ce
que cela signifiera? P. 6. — On a quelquefois arrêté dans les
magasins des personnes qui dérobaient; je vous dis que ces
personnes n'avaient pas conscience de ce qu'elles faisaient,
qu'est-ce que cela signifie? P. 6. — Qu'est-ce que la conscience morale? M. 32. — On a dit quelquefois que la conscience est le bourreau du criminel, qu'est-ce que cela signifie?
M. 32. — Cela indique-t-il seulement que le criminel est averti
par sa conscience du crime qu'il commet? M. 32. — Qu'est-ce
que le remords? M. 32. — A quelle faculté de l'âme rattache-
t-on les peines et les plaisirs? P. 12, 13. — Qu'appelle-t-on
sanction de la loi? M. 41, 42. — En combien de classes parta-
gez-vous les devoirs de l'homme? M. 44. — Comment diviserez-
vous les devoirs envers la société? M. 55. — Qu'est-ce que la
famille comparée à la société? M. 56. — Par qui les ministres
sont-ils représentés dans la famille? M. 56. — En combien de
classes diviserez-vous les devoirs envers nous-même? M. 44.

— Quel devoir avons-nous envers le corps? M. 45, 46. —
Qu'est-ce que l'hygiène? M. 46. — Qu'est-ce que la médecine?
M. 46. — Quelle est l'influence des devoirs envers le corps
sur l'âme? M. 45, 46. — Comment comprenez-vous ce principe
que l'instituteur doit toujours être juste envers ses élèves?
M. 66, 67. — Qu'est-ce que la volonté? P. 18. — Qu'est-ce que
le libre arbitre? P. 20. — Le libre arbitre est-il une liberté
morale et physique à la fois; faites application au cas d'un
prisonnier? P. 21. — Que résulte-t-il de cette liberté morale;
si nous n'étions pas libres de faire le bien ou le mal, serions-
nous responsables? P. 22. — Devrait-il y avoir dans ce cas
des récompenses et des punitions? P. 22; T. 103. — Comment
appelle-t-on le système de ceux qui soutiennent que l'homme
n'est pas libre? P. 22. — Parlez de la dualité de la nature
humaine? P. 6; M. 44. — Qu'est-ce que le jugement? P. 15. —
Lorsqu'on ne comprend pas exactement le rapport de deux
choses, que fait-on? L. 92, 93, 94. — Qu'entend-on par
l'hygiène du corps? M. 46. — D'où vient ce mot (du grec :
les préceptes de santé)? M. 46. — Qu'appelez-vous conscience
morale? M. 32. — Qu'est-ce que la conscience? P. 6. — Qu'est-
ce que le sens moral? M. 36. — Qu'entend-on par respect de
la personne? M. 69. — Qu'entend-on par respect de la propriété? M. 78 à 82. — Comment s'acquiert la propriété? M. 78
79, 80. — Quelles sont les conditions à remplir pour que la
propriété soit transmise? M. 81. — Qu'entend-on par promesse
de vente? M. 81. — Quelles sont les qualités ou formes de
manifestations de l'intelligence? P. 13 à 18. — Sous quelles
formes se manifeste le jugement? P. 15; L. 86 à 92. — Qu'est-
ce que la proposition? P. 15. — Qu'est-ce que le syllogisme?
L. 89 à 91. — Qu'est-ce que la logique? L. 85. — Quels sont
les devoirs de justice? M. 77 à 83. — A quels autres devoirs
les oppose-t-on? M. 68. — Énumérez les devoirs de l'homme
envers l'homme? M. 67 à 83. — Comment appelez-vous le
crime que l'on commet quand on manque d'une manière
grave au respect de la liberté? M. 73, 74. — Que savez-vous
du principe de la propriété? M. 78, 79, 80, 81. — Connaissez-
vous quelques doctrines qui ne reconnaissent pas la liberté
humaine? P. 22. — Quelles sont les objections principales que
l'on a faites contre la liberté? P. 22, 23, 24. — Développez-
nous l'objection de la puissance des motifs? P. 22, 23. —
Quels sont les qualités que l'on doit chercher à développer
dans le cœur des enfants? M. 58, 62, 64, 65. — Quels sont les
devoirs de l'homme envers la société? M. 48 à 83. — Dans

quel ordre nos facultés se développent-elles? P. 12, 13. — Que savez-vous de la loi morale? M. 33. — Qu'appelle-t-on devoirs; comment les divise-t-on? M. 33, 43, 44. — Qu'est-ce que la mémoire? P. 16, 17. — Quels sont les devoirs de l'homme envers la famille? M. 51 à 55. — Quels sont les devoirs de l'homme envers l'État? M. 56 à 64.

TABLE DES MATIÈRES

CHAPITRE III
Logique.

CHAPITRE IV
Théodicée.

Paris. — Maison Quantin, 7, rue Saint-Benoît. (01811)

www.ingramcontent.com/pod-product-compliance
Lightning Source LLC
Chambersburg PA
CBHW060159100426

42744CB00007B/1090